「戦場体験」を受け継ぐということ

ビルマルートの拉孟全滅戦の生存者を尋ね歩いて

遠藤美幸

Endo Miyuki

高文研

はじめに

一九四一年12月8日のハワイ真珠湾とマレー半島への奇襲攻撃から半年たらずで、日本軍はマレー半島を席巻してシンガポールを、次いでスマトラ、ジャワ島、あわせてフィリピンを占領、翌四二年5月にはビルマ（現ミャンマー）全土を制覇した。

一方で、蔣介石の率いる中国国民政府は、日本軍により首都・南京を追われ、奥地の重慶に本拠を移した。その国民政府を支援するため、米英両国は「援蔣《えんしょう》ルート」を通じて軍需物資を送った。その最大のルートが、ビルマのラングーン（現ヤンゴン）から北上して中部マンダレー、ラシオを通り、中国国境を越えて雲南省に入り、昆明《こんめい》に至る「ビルマルート」であった。

その「ビルマルート」を遮断するため、四二年5月、日本軍は中国雲南省西部の軍事拠点・拉孟《らもう》に陣地を築き、一三〇〇人の守備隊を配備した。しかしほどなく太平洋戦線での米軍の反攻が開始され、日本軍は後退を余儀なくされる。

そうしたなか、四四年6月、米中連合軍は新たな「ビルマルート」の奪回作戦を開始、中国軍（※）四万人が拉孟陣地を包囲する。一〇〇日にわたる死闘の末、9月7日、拉孟守備隊は全滅した。その拉孟全滅戦の実相が、奇跡的に生き残った将兵の証言により、ここに初めて明らかにされる。
本書は、その将兵と〝奇縁〟によって結ばれた戦後世代の女性研究者による記録である。

〈※〉拉孟戦で日本軍が戦った「中国軍」とは、米式装備及び訓練を施された蔣介石（国民政府）の軍隊のことをいう。別称に、雲南遠征軍、米中連合軍などの呼び方がある。

✳――目　次

Ⅳ 拉孟全滅戦を生き延びた人たち

「拉孟全滅戦」関連略図

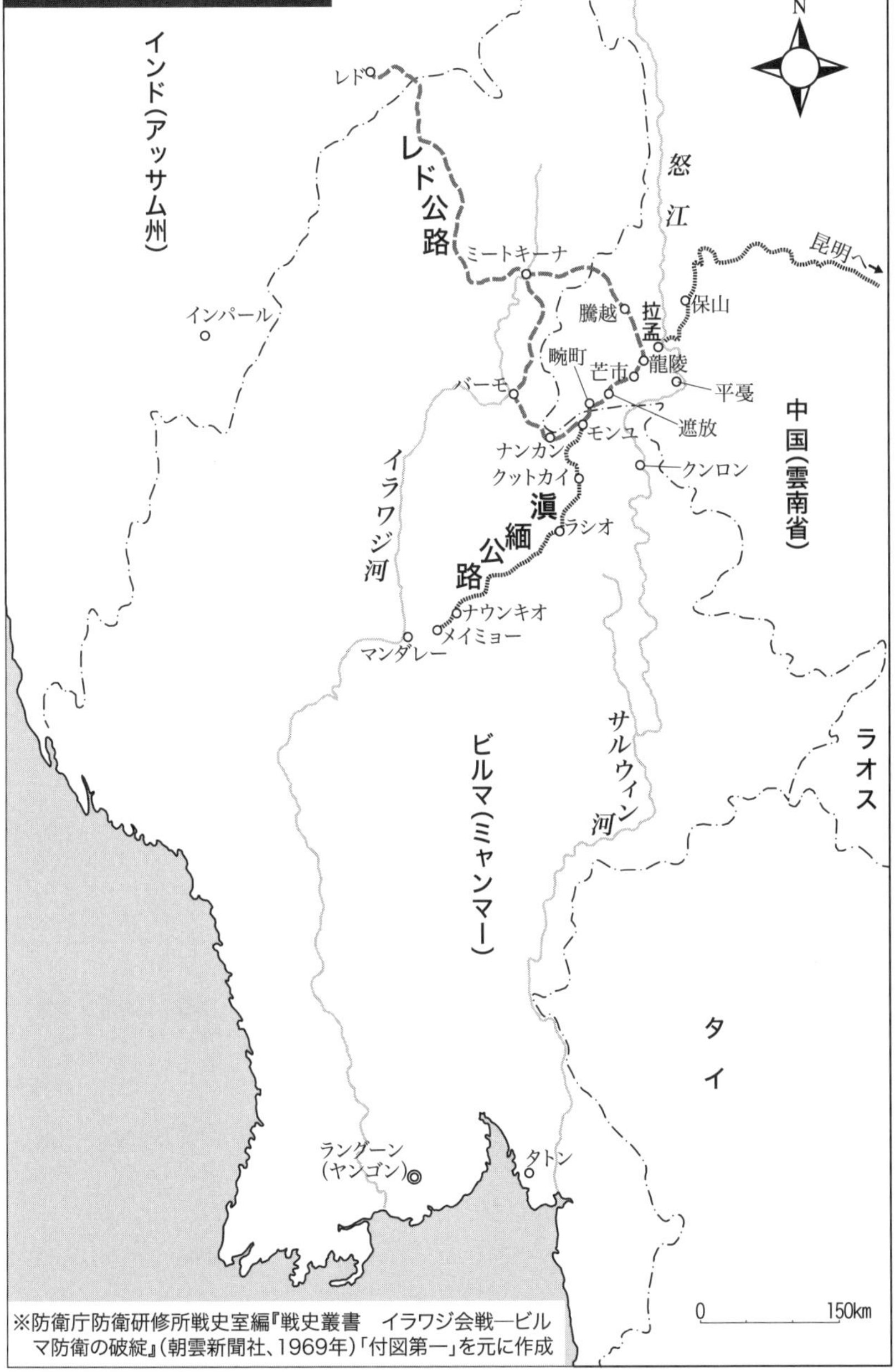

※防衛庁防衛研修所戦史室編『戦史叢書　イラワジ会戦─ビルマ防衛の破綻』(朝雲新聞社、1969年)「付図第一」を元に作成

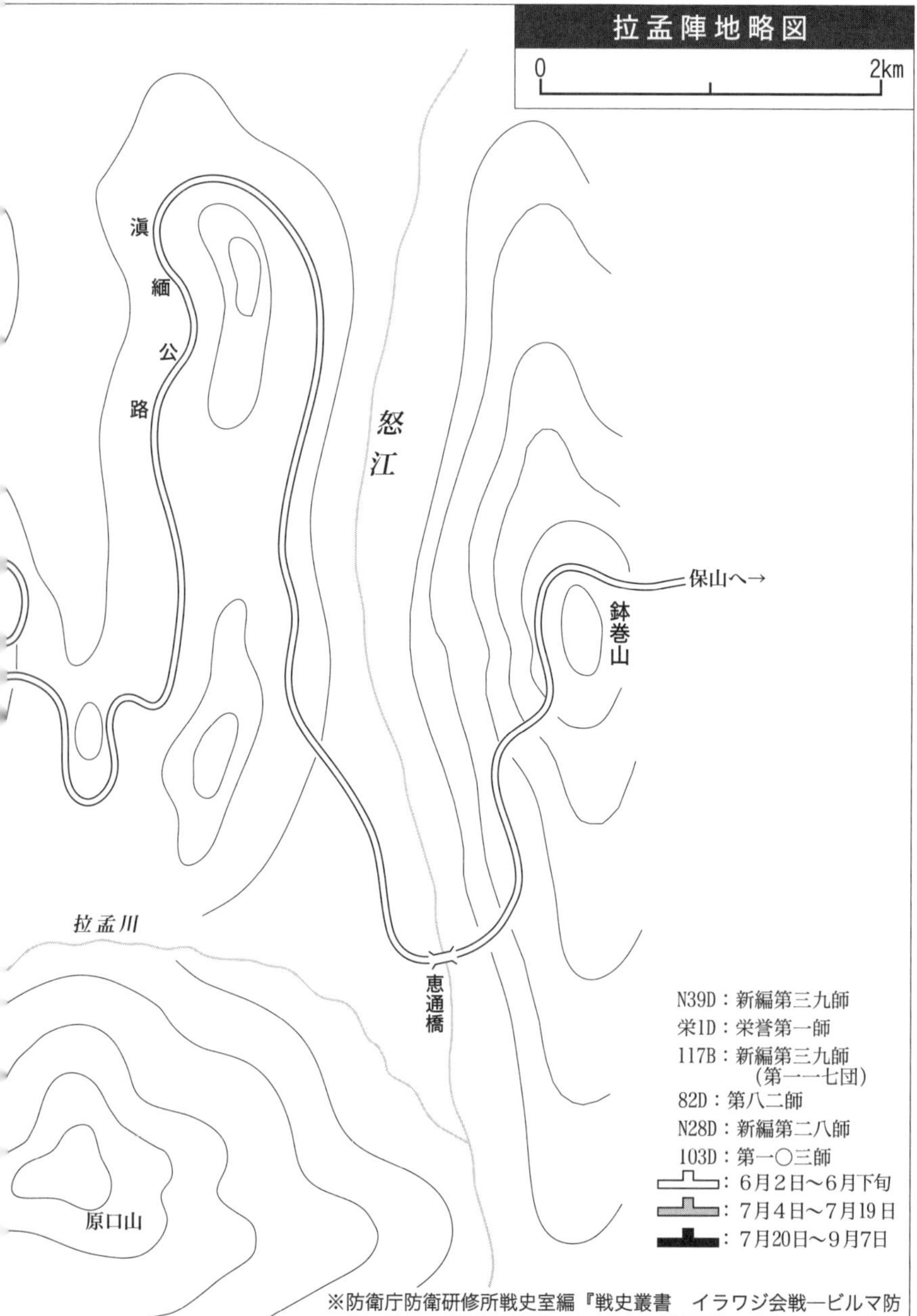

※防衛庁防衛研修所戦史室編『戦史叢書　イラワジ会戦—ビルマ防衛の破綻』（朝雲新聞社、1969年）「挿図第四十九」を元に作成。

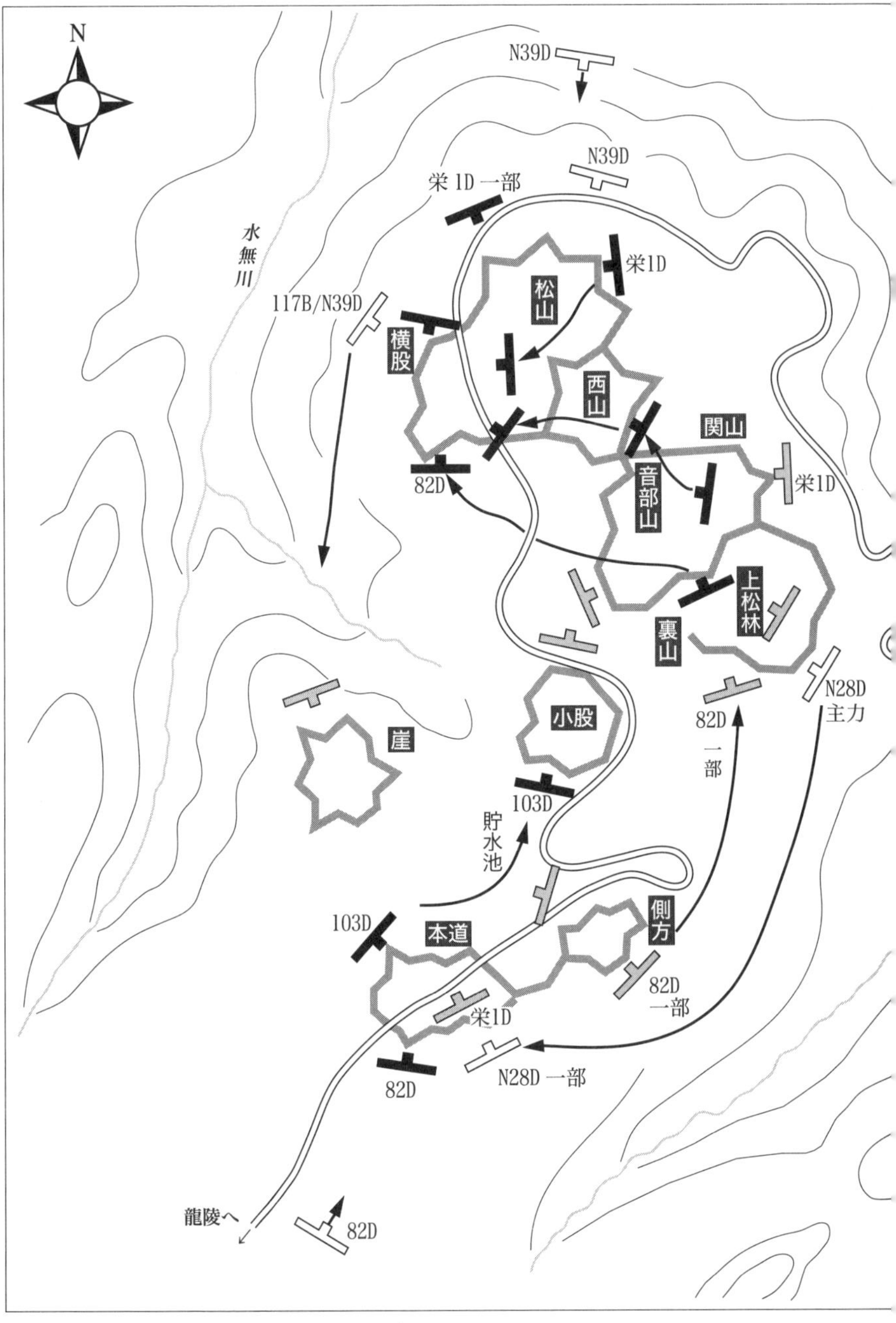
N
N39D
N39D
栄 1D 一部
水無川
栄1D
松山
117B/N39D
横股
西山
関山
82D
音部山
栄1D
上松林
裏山
N28D 主力
82D 一部
崖
小股
103D
貯水池
103D
本道
側方
82D 一部
栄1D
N28D 一部
82D
龍陵へ
82D

拉孟全滅戦・聞き取り人脈図

1985年6月　小林憲一（第33軍配属飛行隊長）

- → 2002年11月　木下昌巳（第56師団野砲兵第56連隊）
  - → 2005年5月　第2師団戦友会（勇会東京支部）
    - 氏木　武（会長・捜索第2連隊）
    - 水足浩雄（事務局長・工兵第2連隊）
      - → 2008年4月　第2師団工兵第2連隊慰霊祭（東京）
        - 田中一義（工兵第2連隊・善福寺住職）
    - 光橋英武（歩兵第29連隊）
    - 金泉潤子郎（工兵第2連隊）
    - 石澤甚十郎（歩兵第29連隊）
    - 磯部喜一（ビルマ憲兵隊）
    - 安喰　馨（陸士61期）
- → 2003年7月　黍野　弘（第33軍後方参謀）
  - → 2006年3月　嘉悦　博（ビルマ方面軍司令部参謀）
- → 2004年8月　朱　弘（ジャーナリスト）
  - → 2005年9月　早見正則（第56師団歩兵第113連隊）
  - → 朴永心（元「慰安婦」）

2008年1月　**第2師団戦友会**（勇会仙台支部）

小野喜一（歩兵第4連隊）

千野皓司（日本ミャンマー友好協会会長）

宮井二朗（日本ミャンマー協会専務理事）

平田敏夫（第53師団歩兵第119連隊）

2008年11月　**第56師団戦友会**（九州支部）

川瀬利男（歩兵第146連隊）

古賀甚吾（野砲兵第56連隊）

蒲池政人（輜重兵第56連隊）

高瀬静男（歩兵第113連隊）

2009年11月　**第56師団戦友会**（東京支部）

横田忠夫（前代表・通信兵）

関　昇二（代表・野砲兵第56連隊）

河村俊郎（南方軍通信隊総司令部）

冨田明徳（通信兵）

2010年2月　**全ビルマ会**

吉野秀一郎（会長・第18師団防疫給水部）

※右記の第2師団、第56師団の大半の方が全ビルマ会の会員でもある。

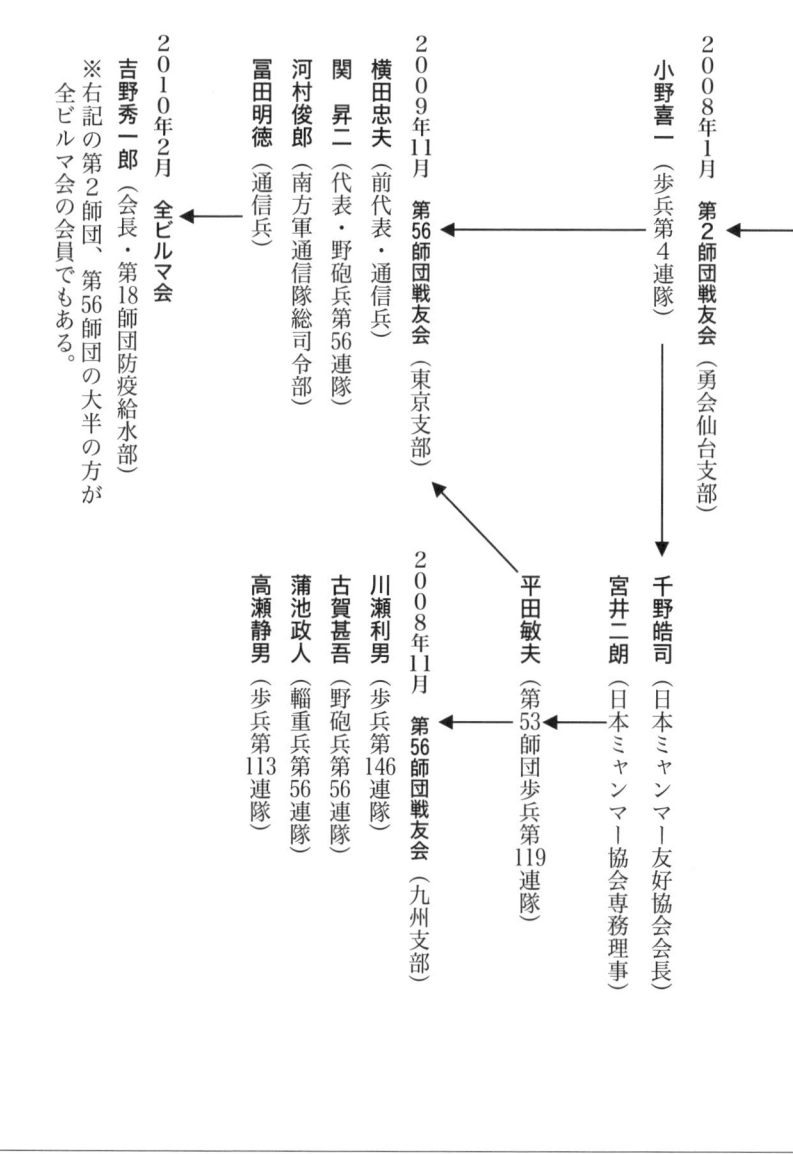

日本軍・ビルマ方面軍の編成

◆ 1943 年 3 月（新設当時）

- ビルマ方面軍（森） 方面軍司令官 河辺正三中将
  - 第 15 軍（林） 軍司令官 牟田口廉也中将
    - 第 18 師団（菊）
    - 第 33 師団（弓）
    - 第 56 師団（龍）
    - 軍直轄部隊
  - 第 55 師団（楯）師団長 古閑健中将
  - 方面軍直轄部隊

◆ 1944 年 5 月（インパール作戦当時）

- ビルマ方面軍（森） 方面軍司令官 河辺正三中将
  - 第 15 軍（林） 軍司令官 牟田口廉也中将
    - 第 15 師団（祭）
    - 第 31 師団（烈）
    - 第 33 師団（弓）
    - 軍直轄部隊
  - 第 28 軍（策） 軍司令官 桜井省三中将
    - 第 2 師団（勇）
    - 第 54 師団（兵）
    - 第 55 師団（壮）
    - 軍直轄部隊
  - 第 33 軍（昆） 軍司令官 本多政材中将
    - 第 18 師団（菊）
    - 第 56 師団（龍）
    - 軍直轄部隊
  - 第 53 師団（安） 師団長 武田馨中将
  - 第 24 旅団（厳） 旅団長 林義秀中将
  - 方面軍直轄部隊

◆ 1945 年 3 月（イラワジ会戦当時）

- ビルマ方面軍（森） 方面軍司令官 木村兵太郎中将
  - 第 15 軍（林） 軍司令官 片村四八中将
    - 第 15 師団（祭）
    - 第 31 師団（烈）
    - 第 33 師団（弓）
    - 第 53 師団（安）
    - 軍直轄部隊
  - 第 28 軍（策） 軍司令官 桜井省三中将
    - 第 54 師団（兵）
    - 第 55 師団（壮）
    - 第 72 旅団（貫徹）
    - 軍直轄部隊
  - 第 33 軍（昆） 軍司令官 本多政材中将
    - 第 18 師団（菊）
    - 第 56 師団（龍）
    - 軍直轄部隊
  - 第 49 師団（狼） 師団長 竹原三郎中将
  - 第 24 旅団（厳） 旅団長 相田俊二少将
  - 第 105 旅団（敢威） 旅団長 松井秀治少将
  - 方面軍直轄部隊

序章

「拉孟《らもう》」研究と出会うまで

「拉孟《らもう》」との出会い

一九八五年6月22日、私は日本航空〇〇六便、ニューヨーク行きのフライトに客室乗務員として乗務していた。DC—10のアンカレジ経由ニューヨーク便が姿を消して、B747（通称「ジャンボ」）によるニューヨーク直行便が就航した時代の話である。

「私も日本航空のOBなんですよ」

成田を離陸し機体が水平飛行に移った頃、乗務員席の向かい席に座っていた初老の男性がにこやかに話しかけてきた。男性は小林憲一と自己紹介した（当時六五歳）。小林さんはアジア太平洋戦争の敗戦後、日本航空に航空整備士として入社したという。日本航空のニューヨーク支店駐在の娘さん一家を訪ねるため、この便に乗ったということだった。

これが、すべての始まりだった。〇〇六便に私が乗務していなければ、また乗務員席の向かいの席に小林さんが座っていなければ、私が「拉孟」を知ることはなかった。小林さんは拉孟戦に深く関与した旧日本軍の飛行隊長だったのである。一方、私は日航の客室乗務員に憧れて夢を叶えた二二歳の若い娘だった。この機内での偶然の出会いが、私の人生を変えることになる。まさか二〇年後にビルマ戦線の研究者となり、北ビルマと隣接する中国雲南省の奥地の山上の戦場跡に立つこ

小林憲一さんと久枝夫人

となるとは、私は夢にも思っていなかった。

小林憲一さんとは、機上の出会いだけで終わらなかった。私はもちろん初対面だった。しかし、話を聞いてみると、実は小林さんと私は前から何度も出会っていたのだった。日本航空を退職した小林さんは、得意の英語を活かして、成田空港行きのリムジンバスの発着地である東京シティエアーターミナル（ＴＣＡＴ）で、外国人旅客相手の接遇の仕事をしていたからである。私もフライトの行き帰り、箱崎のターミナルで、たびたび小林さんの見送りと出迎えを受けた。しかしそのような客室乗務員は私の他にもたくさんいた。小林さんとの交際が始まったのには別の理由があった。

小林さんの住まいは、西東京市の田無《たなし》にある。田無は私にとって馴染み深い土地だった。高校時代の三年間、私は小林さんの自宅付近を毎日自転車で通学していた。一六歳の時、最愛の母（享年四七歳）が早逝した。溢れる涙を抑えきれず、人に見られまいと自転車のペダルを懸命に漕いだことを覚えている。控えめで柔和な小林夫人、久枝さんに亡き母を重ね合わせていたのかもしれない。フライトの合間に、私は小林邸をたびたび訪れるようになった。閑静な手入れの行き届いた庭に心が落ち着いた。久枝夫人の心尽くしの手料理は絶品で、今でも私の理想の女性である。

ニューヨーク便の機内の出会いから何年もの間、小林憲一さんの口から拉孟戦の体験談を聞くことはなかった。あるいは聞いていたのかもしれない。そうだとしても私が戦争に関心がなく聞き漏らしたか、忘れてしまったのか、ほとんど記憶に残っていない。若い頃、私はヨーロッパの歴史には興味津々でも、日本の近現代史、とりわけアジア太平洋戦争には全く興味がなかったのだ。

私の父は一九三〇年に生まれた。敗戦時一五歳の父には戦場体験はないが、戦争体験は色濃く残っていた。物心ついた頃から戦争一色に彩られた少年時代を過ごした父は、紛れもない「軍国少年」であった。母が生まれた一九三二年は、満州事変勃発の翌年であり、当時首相だった犬養毅が暗殺され（五・一五事件）、「満州国」の建国が宣言された年である。母の少女時代もまた戦争に彩られた日々であったのだろう。今では私の両親の世代の疎開や空襲などの戦争体験談を聞くことも難しくなってきている。

このように、父母に戦争体験はあっても、戦場体験はなかった。祖父や叔父たちも同様で、私の身内には軍隊経験者がいないのである。したがって戦没者の遺族ではない。そんな直接的な戦場体験者から縁遠い私が、機上の偶然の出会いから拉孟戦に深く関与するようになった。今もって不思議な縁を感じてならない。

女子大生から客室乗務員《キャビンアテンダント》へ

もう少し私の個人的な経歴を述べさせていただく。一九八二年一〇月一日、私は一九歳で日本航空に入社した。私が入社した翌年の一九八三年には、テレビドラマの「スチュワーデス物語」（TBS系）がブームとなり、主人公の堀ちえみとは同じ時期に制服を着た「セミ同期」である。この年、日航は国際線定期輸送実績が世界一となり、バブル経済の申し子として日航はまさに「上昇気流」に乗っていた。

一九八二年の春、東京目白の日本女子大学の学生であった私は、父に内緒で日航の客室乗務員の採用試験を受けた。当時、日航の客室乗務員の試験は、短大や四年制大学の新卒者を対象にした試験とは別に、一八歳以上二四歳以下の高卒以上の未婚女性であれば誰でも受験できる試験があった。大学在学中の私はこの試験を受けた。噂では、約三六〇〇名の応募があり、最終合格者は六〇名で、倍率は六〇倍だったとか。一九八〇年代は日航の客室乗務員は、若い女性の憧れの職業だった。二次の面接試験で、私は試験官に「大学を卒業してから受けなさい。親御さんが反対しているでしょう」と忠告された。だからまさか受かるとは思わなかった。

日本女子大は亡母の母校であった。母は私が女子大に入ることを秘かに願いながら、合格を知ることなく病没した。実は、私の父は「女には学問はいらぬ、生意気になる」といって、娘の大学進学を望んでいなかった。母の年代ではまだ珍しい「大卒の女」であった母は、「生意気な女」からほど遠いタイプで、亭主関白の父に黙って仕えていた。だから父の時代錯誤も甚だしい暴言の根拠は母ではなかった。

学業と家事の両立もままならず、成績が芳しくなかった私は、高校三年の進学相談で、父の女性差別的な発言にもさほど疑問を抱かずに、「就職したい」と担任に告げた。ところが事態が一変。父方の祖母の認知症が進行し、仙台で祖母の面倒を看《み》ることになった父が、私に仙台で見合いすることを勧めた。見知らぬ土地での見合いだなんて、一八歳の娘にはとても受け入れられない相談であった。

高校三年の初秋、私は就職から一転して進学を希望した。父も仕方なく大学受験を認めた。ただし、浪人は絶対にさせない。万が一どこも受からなかったら、仙台に行って祖母の面倒も看る、これが父の条件であった。祖母には申し訳ないが仙台で埋もれたくなかった。寝る間も惜しんで必死に勉強した。結果は私大を何校か受験して、日本女子大学文学部史学科一校のみ合格。当時の私の成績からすれば快挙だ。何はともあれこれで仙台行きがなくなった。嬉しいより安堵感が大きかった。

入学後、近隣の早稲田大学のテニスサークルに入り、合コンにたまに出かけるごく普通の「本女《ぽんじょ》生」になった。周りを見ても、サークルやバイトに忙しく、学業より「女子大生」を謳歌していた。一方で、私はこうした生活に次第に違和感を覚えていった。大学に入学したものの、大学で学ぶことの意味がわからなくなっていた。高校生の弟は医学部を目指していた。母が癌で早逝したからだろう。兄も大学卒業を迎えていたが就職をせずに工学部の大学院進学を希望し、東京の家には戻って来なかった。父は子ども三人の学費を捻出しながら仙台と東京を往復して祖母を介護していた。

父の精神的、経済的負担は相当に大きかった。「女には学問はいらぬ」と言っていた父に、私大の学費を四年間出してもらうことにためらいがあった。次第に、一日も早く社会に出て経済的に自立し、父の精神的、経済的支配から抜け出したいと思うようになった。できれば弟の将来の学費の援助もしたいと秘かに考えていた。

一九八六年に男女雇用機会均等法がようやく施行されたというそんな時代、女性の経済的な自立が時流の先端ともてはやされながらも、現実の社会では女性の管理職は極めて稀で、まだ女性が性差別なく対等に働ける職種は限られていた。若い女性が性差別なく「稼げる仕事」を模索しつつ、めざした先が日航の客室乗務員であった。しかし、簡単にはなれそうもなく、成算は極めて乏しかった。とりあえず、大学一年の夏休みに、ファミレスでバイトをして航空業界の予備校に通う資金を貯めた。バイトはもちろん父には内緒だった。大学の授業が終わると直行で家に帰って夕飯の支度を整え、夕方から中野にあった予備校に通い始めた。多忙な毎日を過ごしながら、いつの日か世界の大空を飛べる日を夢見ていた。

「ゴウカクナイテイス　アトフミニッコウ」（合格内定す、後でふみを送る、日航）

インターネットも普及していない時代、合格は電報で知らされた。電報を受け取った喜びも束の間、どうしたものかと途方にくれた。予想通り父の猛反対に遭う。父は寝耳に水、娘が日航の採用試験を相談なしに受けたことに烈火の如く怒った。

来る日も来る日も「ＪＡＬに行かせて！」と父を説得した。二年前は「大学に行かせて」と懇願したのに、今度は大学を辞めて社会に出たいという。我ながら身勝手な娘だ。客室乗務員という職業は、ひとたび日本を離れたらしばらく家を空けなくてはならない。フライトの行先も期間もその月によってさまざまで、常夏のホノルルに飛んだと思えば、冬のシドニーというように、不規則で不定期な仕事である。父は「学生兼主婦」の分際で、家を空ける仕事などもってのほかだと激怒した。ごもっともである。「家の事を一体、誰がやるんだ！」と父に問い詰められた。弟の弁当作りが頭に浮かぶ。私は己の身勝手さを恥じる一方で、文字通り世界へ羽ばたける「翼」を手にした幸運を手放したくなかった。

ある日、高校一年の弟が、フライトで留守時の家事一切を自分がやると申し出てくれた。コンビニも、弁当屋も身近でない時代だ。高校男子には相当の負担であったと思う。

「姉貴の人生が、自分のために閉ざされるのは堪らない」と弟は父を説得した。

現実として弟に一層の苦労をかけるハメになったが、彼の後押しがなかったら日航に入社することはできなかった。私の人生は全く違ったものになっただろう。

周囲の後押しもあって、父は一年の期限付きで渋々日航入社を認めた。「近い将来必ず日本女子大学を卒業する」と娘に念書を書かせた。これが、「女には学問はいらぬ」と言った父の「条件」であった。親の心配や苦悩は、いま自らが二人の子を持つ親となって身にしみてわかるようになった。

日本航空の労務政策

私が日本航空に在社した一九八二年から八八年は、日航が大きく変化する時期と重なる。

一九八七年9月、日本航空を完全に民営化する法案が成立し、政府の保有株（当時三四・五％）が同年末までにすべて売却された。私の日航での五年半は、半官半民のナショナル・フラッグ・キャリアであった鶴の翼が、完全民営化に向かってまさに離陸を遂げようとしていた時期であった。民営会社に生まれ変わろうとしていた日航は、企業戦略として「コーポレート・アイデンティティ（CI）」を社内外に展開した。当時のコーポレート・スローガンの一つに「JAL for You（皆様のＪＡＬ）」があった。客室乗務員も制服の胸にピンクのリボン型の「JAL for You」バッジを付けて乗務した。さらに長年愛された鶴丸のブランド・マークや機体のデザインを一新し、大幅なイメージ・チェンジを図った。しかし、従来の「親方日の丸」の体質を刷新するほどの効果はなかったように思う。

結局、日航は内実ともに「皆様のＪＡＬ」に生まれ変わることができなかった。一九八五年8月12日、航空史上最悪の御巣鷹山ジャンボ機墜落事故を引き起こした。利益至上主義と放漫経営から脱しきれなかった日航の破綻への道程は避け難い現実となった。かつてナショナル・フラッグ・キャリアとして君臨した日本の翼は、一九八〇年代半ばから四半世紀近い歳月を迷走飛行しながら、二〇一〇年1月に会社更生法の適用申請という最悪の帰着地に着陸せざるを得なくなった。もっと早く失速していたはずの日航に多額の税金を注ぎ込み瀕死の状態で生き長らえさせた側の責任も免れない。

日航破綻の原因の一つに「暗黒の労務政策」があると言われている。私が日航を辞めて大学に戻ろうと決心したのも、この日航の労務政策にさらされた数々の経験が深く関わっている。大学に戻った私の卒業論文のテーマは「イギリス労働運動史」であった。

一九八〇年代、日本航空の客室乗務員の組合は二つあった。一つは客乗組合（第一組合。「客乗」と称する）で、もう一つは労使協調路線の全労組合（第二組合。一九六五年発足、「全労」と称する。現在はJAL労働組合）。全労はもともと地上職の組合であったが、訓練所を出たばかりの「新人客室乗務員」を自動的に、選択の余地なく同組合に加入させた。新人は誰もが全労の組合員となった。実際に乗務の経験の少ない新人にとって、所属組合が客乗職の労働条件の改善や問題点等を的確に代弁する組合かどうかの判断は難しい。新人を第二組合に自動的に吸収することで、全労は組織を拡大した。同時に客室乗務員の特殊な勤務を考慮しない「労働条件」を甘受させることにも成功した。

日航の労務政策は実に巧妙だった。上層部は労務政策の一環として、乗員（パイロット）と客乗の各組合の連携を分断し、さらに客乗内を二つに分裂・対立させながら両組合の脆弱化を推進した。客乗の分裂は、チームワークが必須の機内業務に不協和音を響かせ、職場環境や人間関係を悪化させる要因となった。毎年、全労の組織数は増大の一途を辿る一方で、客乗の組織数は漸減した。

同時に客乗組合員への昇格差別や乗務内での嫌がらせや虐《いじ》めが進行した。上司にものを言えない、言わない、考えさせない、風通しの悪い日航の「社風」が、経営陣（上司）との癒着や利権獲得の助長を促した。早い話が全労組合員の方が断然出世が早く、好待遇が得られる傾向があった。会社の将来を見据えた適材適所に人を配置せずに、利害に基づく人間関係が人事を左右する。当時の客室乗務員の序列は、上からCF（チーフ・パーサー）、PS（パーサー）、AP（アシスタント・パーサー）、SS（スチュワーデス）となっていたが、全労の後輩が先にパーサーに昇格し、大先輩が万年アシスタント・パーサーという人事は珍しくなかった。経験豊富なアシスタント・パーサーに、昇進の恩恵を受けた新米チーフ・パーサーが仕事を教わる場面はよく見る光景であった。

そうした中、昇格を餌に客乗組合員が全労組合に移行するケースや反対に全労組合の職歴の若いスチュワーデスがベテランの客乗組合員に説得されて組合を移るケースも稀に起こった。後者の一例が私である。同じグループで乗務していた客乗のYアシスタント・パーサーやSパーサーからは仕事だけでなく、日航という「会社」の内実も教わった。Yさんは典型的な昇格差別の対象者であり、社歴からすれば当然パーサー職でありながら「万年アシスタント・パーサー」であった。全労組合の執行部からは、このような客乗の筋金入りの「勧誘」に警戒するように再三注意を受けていた。「新人を引き抜こうと躍起になっている『赤バッジ』の客乗組合員には近づいてはいけない」と。しかし、私の素朴な疑問や質問に納得のいく答えをくれない全労に対して、近づいてはいけない客乗の先輩からは適切な回答と助言を受けることが多かった。

憧れのＪＡＬの知られざる実態を身をもって知りつつ、客乗職の特殊性を要求できる組合の必要性を経験から理解できるようになったのは、乗務して二年目が過ぎた頃からであった。「スチュワーデスならスチュワーデスの組合に！」というYアシスタント・パーサーの言葉が決め手となり、飛び始めて二年目に私は同期二〇名（最終合格者六〇名を二〇名ずつ三期に分けて訓練した）でただ一人、全労を脱退して客乗に移った。同期は「世渡りが下手ね」と苦笑した。

客乗組合に移ったことで、私の職場での立場が一変した。末端の若い乗務員が、上司（会社）からの理不尽な言動や虐めにさらされた。直属の上司のチーフ・パーサーに乗務中に呼ばれて、「ジュニアのスチュワーデスの分際でなぜ組合を変わったのか」と問い詰められた。「自分で考えて決めた」と返答すると、「おまえは高卒の世間知らずの馬鹿だ」と罵られた。部下から「不届き者」が出れば、管理能力を問われ自身の出世に影響したのだろう。チーフは大層ご立腹であった。

客乗に移った当初は、エコノミー・クラスばかりでファースト・クラスの担当はほとんどなくなった。ファースト・クラスはチーフと共にサービスをするので、私は敬遠された。後輩が随時ファースト・デビューを果たしていた。乗務生活で一番悲しかったのは、あるフライト・スケジューラー（翌月の勤務便の乗務計画担当）の「悪意」に満ちた言動であった。二浪中の弟は、大学受験直前のプレッシャーから精神的に不安定になっていた。長期フライトをなるべく避けたいと事前にスケジューラーに相談すると、「年上の弟なんじゃないの?」と好奇の目で見られ、「弟が自殺でもしない限りフライトの変更はできない」と突き放された。

スケジューラーの個人的資質の問題と片付けられてしまいそうだが、二〇〇七年、必ずしもそれだけで済まされないある事件が起こった。日航の組合活動の異常さを物語る「監視ファイル事件」

が発覚したのである。ＪＡＬ労働組合（「全労組合」が前身）が長年蓄積した客室乗務員の個人情報ファイル（離婚歴、男好き、流産二回……等項目多数）の存在が明るみに出た。このファイルを組合員の引き抜きや職場管理に使っていたらしい。マスコミは日航の組合の異常性を指摘した。その報道を知って、私はこれは全労時代からの日航の労働環境の伝統だと直感した。一九八〇年代、私の「監視ファイル」には、「客乗組合・高卒・父子家庭・二浪の年上の弟？」と記載されていたかもしれない。私の処遇は若い客室乗務員に対する見せしめだったのだろう。

ある全労の先輩に、「客乗組合はストを打つから間違っている」と言われたことがある。会社が「大変な時期」にストライキをして会社が潰れてしまったら元も子もないという理屈だ。しかし、ストライキが直接的原因で会社が潰れた例を見たことはない。少なくともスト権は違法ではない。憲法で規定された合法的な労働争議の手段だ。労働者が健康、安全、賃金などの労働条件の改善を求めることは、労働者の正当な権利であり、同時に会社の将来的な利益と繁栄につながると見なされている。労働者の声に耳を傾けなかった日本航空は二〇一〇年に倒産し、多くの社員は解雇されて路頭に迷うことになった。「大変な時期」を我慢した先にさらなる試練が待っていたわけである。

二〇一〇年、会社に従順だった「全労の客室乗務員」からも人員整理による多くの解雇者が出た。シングルマザーのかつての同期は、労務担当の冷淡な人員整理のやり方に心身共に疲れ果て、就職先も未定のまま退職を余儀なくされた。「今ではＪＡＬの鶴丸を見るのも嫌だ……」と小さく呟いた彼女は、日航では特別な存在ではない。一生懸命真面目に働いてきた模範的な社員だった。

客室乗務員から慶應義塾大学大学院へ

私が日航に入ってからも、日本女子大の史学科の青山吉信教授から、「退学をして五年以内なら復学できるから大学に戻らないか」と復学の話をたびたび持ちかけられていた。史学科の研究室で、高校時代の親友が助手をしていたので、彼女が研究室と私の仲介役になってくれていたのだ。

大学二年の時、「日航の『スチュワーデス』に受かりました」と告げると、青山教授は「うちの学生はなんでこうも『豚の見張り番』になりたがるのかな……」と渋い顔をされた。中世ヨーロッパでは豚は大切な財産であり、「豚小屋の見張り番」は要職であった。これを「スチュワード（スチュワーデス）」と呼んだのである。

青山教授に「まだ『豚の見張り』をしているのか」と研究室を訪れるたびに諭されていた。現場の声に耳を傾けない、「御用組合」をあからさまに優遇する日航の労働環境に、明るい未来は期待できないと暗澹たる気持ちだった私は、ついに「豚の見張り番」から足を洗う決心をした。

一九八八年3月末で日航を退職した。国際線の客室乗務員として世界各国を見て歩いた経験は、何物にもかえがたい生涯の宝となっている。ラスト・フライトはシドニー・オークランド線。最後のフライトを無事に終え、成田の到着ロビーで将来の夫が花束を手に迎えてくれた。二五歳だった。「まだ若いのにＪＡＬを辞めるなんてもったいない」と周りから何度も引き止められたが、学生に戻る決心は揺るがなかった。

一九八八年４月、日本女子大学文学部史学科の三年に復学した。西洋史専攻の喜安朗《きやすあきら》教授のゼミに入った。同年10月22日、高校の同級生と目白のカテドラル教会で挙式した。教会が大学の近くだったので学友らが授業を抜け出し式に参列してくれた。今度こそ、合コンもサークルもバイトもせずに真面目に勉強しようと心に決めた。こうして学生と主婦の「二足の草鞋」の生活が始まった。

大学では日本航空の労働組合の経験を生かした研究がしたいと考えていた。卒論では一九世紀のイギリスの労働運動史をテーマに選んだ。まずは、近代日本が常に国策の「手本」とした近代イギリス社会に注目し、イギリスの労働運動史の足跡を辿ることにした。次に、一九世紀半ばイギリスで生まれた職能別組合がどのように労使協調路線に合併・吸収されたのか、その目的と方法を究明し、日航の労使協調的労務政策の「化けの皮」を剥がしてやろうと秘かに思っていた。

日本女子大の卒論ゼミの喜安朗教授が、慶應義塾大学で非常勤講師をされていたときの学生に慶應の大学院の方がいた。その方の口添えで、私はイギリス労働史の専門家の同大経済学部の松村高夫教授にじきじきに論文指導を受けるようになった。女子大の三年次の終わり頃から経済学部の大学院のゼミに参加し、大変恵まれた環境の中で卒論を書き上げた。一九九〇年3月、二七歳で日本女子大学を卒業した。八年越しでようやく父との約束を果たせた。

その後、松村教授の薦めで慶應の経済学研究科に進学した。他大学の文学部出身者には慶應大学経済学部の大学院のハードルは高かった。二次の口頭試問で、大学院では研究テーマを変えることも厭わないかと聞かれた。イギリス労働運動史はすでに多くの研究蓄積があるので、修士論文のテーマとして選ぶのは得策ではないとのことだった。松村教授の下で研究ができるのなら、この際どんなテーマでも構わないと思った。三田の図書館には、大学が数百万円を投入して購入したイギリスのピアノメーカー・ブロードウッド社に関するマイクロフィルム資料がある。私はそれを利用させてもらい、修士論文では、同資料に収められていたフォークソングの女性収集家のルーシー・ブロードウッドの膨大な書簡を使って一九世紀のイギリスの民衆社会を、フォークソングの歌詞や旋律から明らかにすることに取り組んだ。

「フォークソング（民衆の歌）」には民衆の思想や価値観が如実に反映される。コモン・ピープル（民衆）が何を思い、どのように生きていたのか、何に幸せや悲しみや怒りを感じたのかが私の研究テーマとなった。イギリスの歴史学には民衆の視点から見る歴史学＝「下からの歴史学 history from below」の伝統が深く根づいている。国家権力をはじめとするあらゆる権力に抵抗する民衆の姿を明らかにしたい。テーマが音楽に変わってもコモン・ピープルを主題とする研究の視座は労働運動史と何ら変わりはなかった。

一九九二年4月、慶應大学経済学研究科の博士課程に進学した。しかし私は、研究の進展もなく展望もなく行き詰まっていた。その年の10月に長女の有華が生まれた。生まれたばかりの赤ん坊を抱えながら論文を書いたこともあった。しかし、授乳期は思考力がうまく働かない。本能に任せて授乳しながら乳飲み子と一緒に眠りこける日々だった。千葉県成田市の社宅から週に一度、娘をベビーシッターに預けて、大学院のゼミに出るのが精一杯であった。社宅の友人にも随分助けてもらった。母乳育ちのため長時間は預けられず、義母に三田まで一緒に来てもらい、九〇分のゼミの間だけ預かってもらったこともあった。研究と育児の両立は思うようにいかなかった。人見知りで大泣きをする娘を預けてまで大学院に行く意味がわからなくなり、途方にくれた。

そんなある日、松村教授から、研究者としてやっていくにはイギリス留学がどうしても必要だと告げられた。しかし、当時の私の家族の状況から、留学は不可能だった。松村ゼミでは研究者を志す大学院生のほとんどが海外留学で博士号を取得していた。イギリス留学が叶わない私の研究者としての前途は暗澹としていた。

将来に悩みながらも数年が過ぎて二人目を妊娠した。大きなお腹を抱えながら出産間際まで三田の大学院に通った。ある日、院生の先輩に、「遠藤さんは、大学院で子どもを産んだだけで研究は生んでないね」と何気なく言われた。「本当に……」と笑ってはみたものの、反論の余地はなかった。男性の研究者にはこの気持ちは絶対にわかるまい。

散々悩んだ挙句、立派な研究者になるより平凡な母親になる道を選んだ。高卒で社会に飛び出した私は、「ここまでやれば十分」ときっぱり自分にけじめをつけ、第二子の出産に臨んだ。

一九九八年4月、長男の駿介が無事に生まれ、二児の母となった。私はそのまま大学院を休学した。もう二度と三田に戻って来ることはないだろうと覚悟をして……。

小林憲一さんからの「贈物」

二〇〇一年8月15日、「終戦記念日」の暑い日だった。大学院を去ってまる三年が過ぎていた。娘は八歳、息子は三歳になっていた。子育てに忙しい毎日を送っていた私に、小林憲一さんから段ボール箱が届いた。なんだろう？　中身をあけて驚いた。

小林さんは日本陸軍の中尉であり、戦時中は、ビルマ方面軍下の第三三軍配属の飛行隊長であった。小林飛行班の任務は、一九四四年7月から9月にかけ、中国軍に補給路を遮断され、孤立無援となった拉孟守備隊に武器弾薬などの軍需物資を空から投下することであった。この年の3月、ビルマ北部からインド侵攻をめざして決行された日本軍のインパール作戦は完全に失敗に終わり、そのため英米連合軍に制空権を奪われていたので、小林飛行隊に任命された空中投下は命がけの作戦であった。小林さんから届いた段ボール箱の中身は、その拉孟守備隊への空中投下の詳細を記録した小林さん直筆の私的な日誌や写真、絵図などであった。

このとき小林さんは食道がんとたたかっておられた。先行きを案じた小林さんは、拉孟戦の記録を後世に残したいとの一心で、慶應で「歴史」を研究しているはずの私に、貴重な資料を送られたのである。

同封の手紙には「後世の人たちに、こんな壮烈な『玉砕戦』があったことをぜひ伝え残して頂きたい」と達筆で記されていた。しかしこの突然の「贈物」に、私は困惑した。

私は一九世紀のイギリスの民衆音楽を研究しただけである。日本の戦争については全くの門外漢である。そんな私に一体何ができるだろう。それに私は、もう「研究者」ではない。だから小林さんの真摯な願いに報いることはできない……。

困った私は、慶應の松村教授にこの拉孟戦の資料の話を持ちかけた。松村教授はイギリス社会史・労働史の研究者であると同時に、日本軍による細菌戦や毒ガス戦など日本軍の戦争犯罪を究明する研究者としても知られている。私は資料提供者として貢献できればよいと思った。ところが日中戦争に詳しい松村教授も、拉孟戦についてはほとんど未知であった。松村教授は小林さんの資料に目を通しながら言った。

「遠藤さん、ビクトリア時代の音楽は逃げません。だから、縁があるあなたが拉孟の研究をやるべきです」

松村先生は、四年近くも大学院から遠のいていた私をまだ研究者として見ていてくれた。

「そろそろ育児休暇も終えてこの辺で大学院に戻ってきませんか？」

この助言に、私は、子育てと家事以外に自分の世界が持てる喜びで心が弾んだ。イギリスの音楽史をやるには留学しなくてはならない。でも拉孟をテーマにすれば、さしあたり日本で研究ができるではないか。私はこの程度に簡単に考え、研究テーマを切り替えた。まもなく私は、自分の考えの甘さを思い知らされることになる。

二〇〇二年4月、息子の幼稚園入園を機に大学院に戻った。弛みきった脳みそと、ついでに身体を引き締めるための「リハビリ」が始まった。しばらくして埼玉大学の非常勤講師の話を松村ゼミの先輩からいただいて、人生で初めて大学の教壇に立った。イギリス文化研究という講義であった。当初、学生の質問に要領よく答えることができず、次回の授業までの宿題にしてもらって一週間必死に勉強して答えたこともあった。赤面しながら必死に答える私を見て、ある男子学生に「先生、初々しいね」と言われ、恥ずかしさで身が縮んだこともあった。九〇分の講義には、膨大な下準備と勉強が不可欠であることを身をもって学んだ。

おかげさまで埼玉大学の非常勤は四年近くのブランクを埋める最も効果的できつい「リハビリ」

になった。その後、神田外語大学（千葉県幕張）の外国語学部（歴史学）にご縁をいただき、近代イギリス社会史と近代イギリス女性史の講義を担当して現在に至っている。

I

拉孟《らもう》戦の聞き取りと人脈図

本書は、北ビルマ及び中国雲南戦線に従事した方々の証言によってなりたっている。そこではじめにその方々の氏名と相互の関係について紹介しておきたい。だいぶ煩雑になるので、一二ページの「拉孟全滅戦・聞き取り人脈図」を見ながら読んでいただきたいと思う。

人脈図の概略

二〇〇二年から二〇一〇年にかけて、小林憲一さんを筆頭に二〇名以上の拉孟戦の生存者や拉孟戦関係者の戦場体験の聞き取りを行ってきた（現在も進行中）。約一三〇〇名の拉孟守備隊のうち、現在（二〇一四年九月）、生存が確認できる元将兵は、早見正則《はやみまさのり》さん一人となってしまった。（二〇一三年9月18日、もうひとりの生存者の木下昌巳さんが死去された。）

小林さんが最初に紹介してくれたのは、拉孟の脱出将校の木下昌巳《まさみ》中尉（階級は当時、以下同）であった。小林さんは日航時代に、同僚から拉孟の木下昌巳さんを取材した新聞記事をもらい、あの「玉砕」戦場から帰還した将校がいたことに驚いた。一九五九年、小林さんは木下さんを訪ね、以来親交を重ねてきた。

二〇〇三年、小林さんはビルマ方面軍下第三三軍参謀（少佐）の黍野弘《きびのひろむ》さん（故人）を、その翌年には、雲南戦線を取材しつづけている中国人ジャーナリストの朱弘《しゅこう》さんの、二人の「弘さん」を

早見正則氏と著者（撮影・朱弘氏）

紹介してくれた。黍野弘少佐は軍上層部から見た拉孟戦について、朱弘さんは中国の現地住民から見た拉孟戦を、各々対極の立場から教えてくれた。

二〇〇五年、朱さんからもう一人の拉孟の生存者である早見正則上等兵を紹介してもらった。早見上等兵は第五六師団（龍《たつ》兵団）歩兵第一一三連隊の機関銃中隊の隊員だったが、最後は拉孟守備隊本部の通信兵（伝令兵）となった。よって、守備隊の全貌を兵隊でありながら把握できる立場にあった。木下中尉は第五六師団野砲兵第七中隊の将校で、残存の拉孟守備兵が最後に集結した横股陣地の小隊長（最後は中隊長）であった。兵隊の早見さんと将校の木下さんは同年齢であったが、立場の異なる二人から聞き取りができたことは幸運であった。

二〇〇五年5月、木下昌巳さんは陸軍士官学校第五六期の同期生の水足《みずたり》浩雄《ひろお》さんを紹介してくれた。水足中尉は第二師団（勇《いさむ》兵団）工兵第二連隊の中隊長であった。「勇」は第二師団の通称号である。第二師団は、宮城、福島、新潟出身者の東北師団で、南太平洋のガタルカナル戦や中国雲南の龍陵戦など凄惨をきわめた激戦を経験している。一九四四年9月にかけて水足中尉の工兵第二連隊は、木下中尉と同時期に、雲南の龍陵戦に参戦した。龍陵は第五六師団の歩兵団司令部があり、拉孟の兵站地であった。

右から木下昌巳・敏子夫妻、水足浩雄氏

私は、水足さんが事務局長を務める第二師団の東京の戦友会（勇会）に参加させてもらうようになって、一挙に元軍人の方々との人脈が広がった。勇会の会員には、氏木武さん（捜索第二連隊中隊長、勇会会長）、光橋英武さん（歩兵第二九連隊）、石澤甚十郎さん（歩兵第二九連隊）、金泉潤子郎さん（工兵第二連隊）、磯部喜一さん（ビルマ憲兵隊）、安喰《あじき》馨さん（陸軍士官学校第六一期）の元将兵らと第二師団の遺族やビルマ戦の関係者が加わっている。最近では、戦争に関心をもつ若い世代の参加者も増えている。

勇会（東京）の氏木会長から仙台の勇会会長の小野喜一さん（歩兵第四連隊）を紹介してもらった。第四連隊は宮城の部隊だ。二〇〇八年1月末、南花巻温泉（岩手）で行われた第二師団歩兵第四連隊（仙台）の戦友会に参加して小野会長に会った。小野さんはガタルカナル島・ミャンマー会の会長でもあり、ミャンマーへ慰霊巡拝の旅を何度も実施している。小野さんもインパール作戦及び雲南戦に参戦し死闘を経て奇跡的に生還した一人である。

二〇〇八年4月5日、小野さんの紹介で、日本とミャンマー合作の映画「THWAY《トゥエイ》血の絆」（千野皓司監督、編集部注＝「THWAY」はビルマ語で「血」を意味する）の特別完成披露試写会（仙台）に行った。映画を鑑賞後、友人と上映のあった建物の下のカフェでコーヒーを飲んでいると偶然、そのカフェに千野皓司監督と日本ミャンマー協会の専務理事の宮井二朗さんらがやって来た。映画の話題で意気投合した。そのとき、私がビルマ戦の研究をしていることを知った宮井さんから、京都の平田敏夫さんを紹介してもらった。

平田さんは第五三師団（安《やす》兵団）の初年兵で、雲南及びビルマ作戦に参戦した。第五三師団もまた第二師団と同様に、龍陵で戦闘した師団である。二〇〇八年11月、平田さんと一緒に佐賀県の古湯温泉で開催された第五六師団の九州の戦友会に参加し、龍兵団の九州の元将兵のみなさんの人脈が広がった。

二〇〇九年11月、平田さんから第五六師団の東京の戦友会の世話人の横田忠夫さん（故人）を紹介してもらった。横田さんによって第五六師団（龍兵団）の東京の人脈が広がった。

二〇一〇年2月、第二師団の勇会の方々の紹介で、毎月市ヶ谷で行われている全ビルマ会に出席し、会長の第一八師団（菊兵団）の防疫給水部・吉野秀一郎さん（故人）を紹介してもらった。同会の会員の幅はとても広い。ビルマ方面軍関係部隊は以下の通りである。

第一五軍、第二八軍、第三三軍、第二師団、第一五師団、第一八師団、第三一師団、第三三師団、第四九師団、第五三師団、第五四師団、第五五師団、第五六師団、ビルマ憲兵隊など。今ではご遺族の会員も多い。

以下、本書に登場する主要な方々のプロフィールについて、もう少し詳しく述べることにする。ただし、この人脈図は、私が直接会って聞き取りをした方に限定している。（第Ⅳ章の朴永心さんの聞き取りは朱弘さんによるもので、私が直に聞いたものではない。）

小林憲一さん（第三三軍配属飛行隊長）

小林さんは一九一九年9月21日、福島県西白河郡西郷村で生まれた。一九三七年、東京の私立関東中学を卒業し、立川陸軍航空輸送部（整備）に入る。一九四〇年3月に甲種幹部候補生の試験に合格し、同年9月から一九四一年7月まで、埼玉県所沢、東京都福生《ふっさ》の陸軍航空整備学校にて航空整備将校の訓練を受けた。同年12月8日から敗戦まで、マレー半島、シンガポール、ジャワ島、ビルマ、レイテ島などの作戦に参加した。その間、四四年6月にインパール作戦末期に参戦し、7月から9月に第三三軍司令官・本多政材《まさき》中将の指揮のもと「断作戦」（七五ページ参照）で、拉孟守備隊に軍需物資の空中投下作戦を行った。四六年復員。戦後、五二年12月に、日本航空に整備士として入社（日航は五一年12月に創立）。五五年頃、ドックで飛行機の整備中に、不慮の事故で怪我をし、整備士から旅客接遇業務に配置転換となった。

私の小林さんとの日航機内での出会い（八五年6月）はすでに書いたとおりである。私は、二二歳の時から小林さんの自宅を訪ねていたが、拉孟戦の話を聞く目的で訪ねるようになったのは、出会いから一七年後であった。二〇〇二年10月29日から、七、八回の聞き取りを小林さんの自宅で実施した。最後に話を聞いたのは、小林さんが亡くなる半年くらい前の〇八年の晩秋であった。小林さんは目を潤ませながら、決まって最後にこの不思議な飛行体験を話した。

「信じてもらえないだろうけど、拉孟の上空を飛んでいた時、空の雲の切れ目に血だらけの戦友らの姿が見えるんですよ。泣いているようにも笑っているようにも見えてね。あの光景は今でも忘れられなくてね。一度きりではないから幻ではないですよ」

小林さんは拉孟の空で散った「戦友の姿」を片時も忘れたことがなかった。彼の人生は拉孟戦の記録を残すこと、そして亡き戦友の分まで精一杯生き抜くことだった。病床の中でも好きな英語の勉強を欠かさず、夢はニューヨークのコロンビア大学に留学することだった。

二〇〇九年4月7日、小林さんは長い闘病生活の末、家族に見守られながら自宅で安らかに永眠した（享年八九歳）。小林さんが亡くなった翌年、私の拉孟戦の研究が一挙に進展し、思いがけず『朝日新聞』夕刊（一〇年11月22日）の人脈記「語り継ぐ戦場シリーズ」に掲載された。四半世紀前の小林憲一さんとの出会いが記事になった。

木下昌巳中尉（第五六師団野砲兵第五六連隊、拉孟守備隊）

二〇〇二年11月、小林憲一さんの紹介で、私は東京の新橋で初めて木下昌巳さんに会った。木下さんは背筋がピンと伸びた実直な雰囲気の老紳士だった。聞き取りは二〇〇二年11月29日を皮切りに二〇一〇年頃まで新橋で一時間半ほど十数回実施した。新橋には木下さんが事務局長（引退）を務めた財団法人全国老人福祉助成会の事務所がある。当初、私は戦争の基礎的な知識に乏しく、軍隊の階級や用語にも不慣れであった。木下さんは懇切丁寧に紙と鉛筆で軍隊組織の基礎から教えてくれた。毎回の聞き取りの内容をテープに録音して、次に会う時までに書き起こし、木下さんに補足や間違いの指摘を依頼した。このライフ・ストーリーの口述記録は私にとって最も大切な「史料」となった。最後に木下さんの話を聞いたのは、二〇一三年3月、神奈川県川崎の木下さんの自宅であった。

二〇〇九年、私の拉孟戦の論稿が、慶應義塾大学経済学部の学会誌『三田学会雑誌』（一〇二巻3号〈二〇〇九年10月〉及び4号〈二〇一〇年1月〉）に掲載されたときのことである。これについての木下さんの率直な感想は次のようなものであった。

「唯一注文を付けるとしたら、当時の『教育』が書かれていない。私どもがなぜあのような戦争をしたのか、それを理解していただくには当時の『教育』を知らなくてはならないでしょう」

木下さんの指摘はもっともである。実際、木下さんの聞き取りでは、直接的な戦闘の話以外に、家庭環境や生い立ちまで含め、陸軍士官学校（「陸士」と略称）での教育や生活などに長い時間を要した。しかし、先の論稿では字数制限のため割愛せざるを得なかった。ここでは、当時の「教育」を知らずして拉孟戦は理解できないとの観点から、木下さんの生い立ちと陸士の「教育」について触れておきたい。

〔陸軍士官学校受験〕

一九二二年1月2日、熊本で生まれる。木下さんの父（正雄）も陸軍士官学校出の軍人（第二四期）であったが、陸軍大尉のときに出張先の東京で盲腸から腹膜炎を併発して三六歳の若さで亡くなった。その後、母（すず）は一大奮起して女学校の教師の資格を取り、女手一つで一人息子を育て上げた。

木下さんは亡父の後を継ぎ、軍人の道を選んだ。国を護るための職（指揮官）に就くためには、東京市（当時）市ヶ谷の陸軍士官学校か、海軍ならば広島県呉の江田島の海軍兵学校に入らなければならない。そこで、一九三五年4月、母は熊本のスパルタ教育で名高い県立鹿本《かもと》中学校に息子を入学させた。木下さんの田舎では、そもそも中学進学者が村の小学校で一割程度しかいなかった。一五〇人の児童がいれば、せいぜい一四、五人しか中学に進まない。進学者の半分は文科系を志望した。親が医者や大学教授であれば、その子弟もまた親と同じ道に進んだ。

一九二五年4月11日に、宇垣陸相により、陸軍現役将校学校配属令（「勅令一三五号」）が発布された。これにより、官公立の師範学校、中学校、高等学校、大学予科、専門学校、高等師範学校などに、陸軍現役将校が配属された。配属将校といい、全校生徒・学生の軍事教練を担当した。中学では高学年になると、三八（サンパチ）式や三〇年式や村田式と呼ばれる小銃を持たされ教練を受けることもあった。小銃は三キロ以上もあり少年には重かった。

旧制中学は五年制だったが、陸軍士官学校は中学四年からも受験できた。もちろん、卒業後でも受験できた。よって、受験のチャンスは三回あった。鹿本中学は一学年四クラスで、一クラスが四〇名ぐらい。一、二組は中学で終えるクラス、三組は高等学校へ進学するクラス、そして四組が陸海軍を受けるクラスであった。四組の半分は四年時に陸海軍の学校を受験した。木下さんもこの時（一九三八年8月）に陸士を受験して、合格した。志願者は全国で五万人。軍国主義盛んな当時は軍人の志望者が多く、なかでも九州は軍人志望の多い地方であった。一九三八年11月に合格発表があった。この年、四年生と五年生でそれぞれ一〇名ぐらいが合格した。陸士受験には憲兵による思想調査があった。

軍人養成の学校を希望する動機は人さまざまである。木下さんのように親が軍人なので志す者、主体的に軍人を志願する者、また経済的な事情で軍人養成の学校に行く者もいた。軍人の学校は授業料がかからない。全寮制で衣食住に金がかからない。しかも、卒業まで月に六円五〇銭の「手当て」がもらえた。当時の大卒初任給が七〇円ぐらい。仮に現在の初任給を二〇万円として算出すると、約一万三千円の小遣いになる計算だ。木下さんはこの小遣いを主に食事が足りない時の間食や外出の際に使った。また当時も、文科系や理科系の大学を卒業したからといって、必ず就職できるわけではない。その点、軍人養成の学校は将来が保証されていたので、これも志望動機となった。

一九三八年12月1日、木下少年は希望に胸ふくらませ故郷を後にした。一六歳だった。この年、陸軍士官学校は、予科に二四〇〇名が入校した。就業年限は元来予科二年、隊付き六カ月、本科二年、見習六カ月であるが、戦時中は短縮され、木下少年は三年で卒業した。陸士では、実際の軍隊に真似て、一クラス四〇名を区隊、五区隊二〇〇名を中隊と称し、一二個中隊の編成で構成していた。区隊長は現役の大尉、中隊長は少佐が担当する。区隊、中隊に助教として、下士官が術科教育の補助をする。

ところが、憧れの陸軍士官学校の門をくぐり、与えられた軍服を着た木下少年は、予想と現実のギャップを痛感する。

〔陸軍士官学校時代〕

〈予科〉予科では、午前中に普通学科を学び、午後に術科を習得する。普通学科の科目は、語学（独、仏、露、英、中）、漢文、数学、物理、化学、倫理があり、内容は現代の教育にたとえれば大学の教養課程程度のレベルであったようだ。午後は、教練（歩兵）、体操、剣術、馬術を習得する。土曜日は野外教練を行う。日曜日は原則として休日で外出ができたが、行き先、立ち入り先を大きく制限された。

木下さんは、陸軍士官学校時代を次のように語った。「入校当初は、夕食後外に出て、市ヶ谷の陸士の宿舎から街の明かりを下に見ながら『こんな堅苦しい窮屈な学校にどうして入ったのだろう』と思った。しかしそれも一年、二年経つに従い、『これが普通だ』と考えるようになり、『一日も早く卒業したい』とカレンダーに印を付けて待ちわびた」。

〈隊付き〉隊付きとは軍人の見習期間のことである。予科を卒業し本科に入る前に兵科（歩兵、騎兵、砲兵、工兵、輜重兵）が決定され、兵科別に各連隊に配属され、実際に上等兵から軍曹までの実務（見習）を六カ月体験する。兵科は本人の希望と適性によって決定される。木下さんの兵科は砲兵で、隊付きは福岡県久留米の野砲兵第五六連隊（龍兵団）に決まった。当時の隊付きは、日中全面戦争の戦況により半年から三カ月に短縮された。隊付きが修了すると、次は本科に入る。

〈本科〉本科では、午前は戦術、語学、兵器学、築城学を各兵科共通で習得し、午後は各兵科別に専門の教育を受ける。たとえば、兵科が砲兵であったら大砲のことを学び、工兵であったら築城を学ぶ。
すべての教育課程を修了し、陸士を卒業すると、隊付きの連隊に戻り見習仕官として将校勤務を体験して少尉に任官する。軍隊は厳格な階級制度があり年功序列がはっきりしている。任官が一日違っても先任、後任の序列に従う。

〈寮生活〉陸士での生活は全寮制で、規律は大変厳しい。先輩、後輩の上下関係が特に厳しかった。階級がすべてなので、一期違うだけで大変な差であった。

一九三八年12月1日、予科の入校式以来、日常起居、教育、訓練などすべてについて一定の型が求められた。一クラス四〇名に一人の将校が付き、指導、訓育、さまざまな躾を行う。朝六時起床、点呼から始まり、体操、校内の神社参拝、兵器被服の手入れ、七時朝食。八時から午前の四時間は学科。正午昼食。午後一時から教練体操と剣術（刀剣を手にして敵に当たる技術）。午後五時から自由時間。ただしこの時間も体操や剣道を行う。六時夕食、入浴。七時から九時は自習時間。自習時間はもっぱら学科の勉強時間に充てた。午後九時半点呼。この後寝るまでが反省時間。日記を毎日毛筆で書くよう指導された。週に一度教官（中隊長クラスの尉官が当たることが多い）に内容の検査を受けるので、下手なことは書けなかった。寮では、「内務」という生活上の躾があり、ボタンのつけ方や服の縫い方まで

陸軍少尉任官時の木下氏

仕込まれた。午後一〇時就寝。このような寮生活では自分の自由な時間、個人の意志による行動は全くなかった。

〈思想教育〉週に一回午前中に、中隊長による「精神訓話」があった。国体、皇室、陛下(現人神《あらひとがみ》)、軍人として「尊王と国体の護持」について思想教育が行われた。「陛下のために死ぬのだ」ということを徹底的に教育された。

日常の心得として「軍人勅諭」があった。

一つ、軍人は忠節を尽《つく》すを本分とすへし

一つ、軍人は礼儀を正《ただし》くすへし

一つ、軍人は武勇を尚《とうと》ふへし

一つ、軍人は信義を重んすへし

一つ、軍人は質素を旨とすへし

陸士での教育内容や考え方で、木下さん自身納得できない点がいくつかあった。陸士では、とかくモノより精神面を重視した。天皇を「現人神」と呼び、将校の精神訓話は一種神がかり的で木下少年は違和感を覚えた。軍人になるために陸士に入ったのに、卒業までの三年間で射撃訓練で撃った小銃の実弾数は一〇発だけで、あとは精神論が主であった。

この間、将来は将校になる人間として、学生の矜持《きょうじ》(エリート意識)も叩き込まれた。木下さんは、この教育が軍の学校ではない一般の大学・高校出身の幹部候補生を軽く見る悪弊を植え付けたと語る。もっとも、幹部候補生の制度は入隊わずか一年で任官するので、正直言って技術面が未熟で、将校として実地訓練が十分でない場合もあった。

本科を卒業すると連隊に配属されて見習士官から将校となる。今までとは異なり部下をもつ指揮官となり、教育者でなければならない。しかも兵隊より自分が年少の場合も少なくないので、階級だけでなく技術面か精神面で部下を納得させるものが必要であった。陸士の教育に疑問を持ちながらも、精神面も含めて、陸士で受けた教育を基礎にして、部下を教育、訓練することになった。

木下さんによると、平時では階級がモノをいうが、ひとたび戦場に出たら人間の本性が丸ごと出るため、ある意味、陸士出身か否かは関係ない。陸士出身の将校でも階級を楯に取り、部下を自分の前面に出して身を守るような卑怯な指揮官もいた。またある指揮官は、前線で部下に戦闘をさせながら、自分は後方で「慰安婦」の女性を身近に置いていた不届き者もいた。最終的には、「階級ではなく何よりも人格である」と木下さんは語った。指揮官が率先して行動しなければ兵隊は絶対に付いてこない。「銃弾は前からだけでなく後ろ（味方）からも飛んでくる」という話があり、現に部下に撃ち殺された指揮官もいた。

陸軍士官学校時代の教育について木下さんは、「こんな教育を一七、八歳の感じやすい年代に叩き込まれたので、コチコチの融通のきかない、視野の狭い軍人ができあがったと思う」と自戒を込めて語った。

木下昌巳さんは剣道の名手である。木下さんが事務局長を務めた全国老人福祉助成会では毎年、全日本高齢者武道大会を六月頃開催し、健康で文化的な高齢者の生活を支援する活動を行っている。木下さんに誘われて武道館で開催された武道大会に見学に行った。どの剣士も高齢者とは思えない若々しさにとても驚いた。なかでも男性剣士に混じって薙刀《なぎなた》を操る凛とした女性剣士の姿に魅せられ、数年後に私も薙刀を始めた。

早見正則上等兵（第五六師団歩兵第一一三連隊、拉孟守備隊）

一九二二年9月6日、福岡県糸島郡二丈町福吉で生まれた。現在、福岡県前原市在住。三五年、福岡市立尋常小学校卒業後、博多織職人を目指す。四三年4月、福岡の歩兵連隊、西部第四六部隊に入営し、8月に第五六師団要員としてビルマへ派遣される。12月31日、雲南省騰越の原隊に合流する。一九四四年3月、第五六師団歩兵第一一三連隊第一機関銃中隊（吉村隊）に配属される。

早見さんの誕生日は拉孟全滅の前日の9月6日である。早見さんは二二歳の人生最悪の誕生日を拉孟で迎えた。全滅直後、「本隊に追及せよ（後から追いつく・報告する）」との上官の命令で拉孟陣地を脱出したが、龍陵の東山陣地で中国軍の捕虜となり、昆明《こんめい》の捕虜収容所に収容された。昆明の収容所では、拉孟の「慰安婦」で顔見知りだった朴永心《パクヨンシム》さんと一緒だった。一九四六年6月19日、鹿児島に上陸し復員。拉孟守備隊全滅後、早見さんの実家には三回も死亡通知が届けられていた。

早見さんは、二〇〇五年9月7日、拉孟守備隊の「玉砕」日に合わせて靖国神社を参拝するために福岡から上京した。早見さんが上京するときの宿泊先の一つが、中国人ジャーナリストの朱弘さんの柴又の自宅であった。早見上等兵の聞き取りは、二〇〇五年9月6日に、紹介者の朱弘さん宅で、朝から夕刻までの一日を要して実施した。早見さんは兵士の目から見たありのままの戦場の姿を包み隠さず語った。拉孟の激戦地を奇跡的に生き抜いた早見さんは、「拉孟は地獄だった……」と何度も繰り返した。その言葉が今も耳にこびり付いている。

朱弘《しゅこう》さん（中国人ジャーナリスト）

一九六三年生まれ。南京出身のジャーナリスト。紹介者は小林憲一さんである。また朱弘さんは木下昌巳さんとも面識がある。

朱さんの雲南戦線の知識は卓越している。彼の助言や導きがなければ、拉孟戦を中国住民側から見ることはできなかった。朱さんは、日中全面戦争で中国が唯一完全勝利した拉孟戦が今後の日中友好の鍵になると主張している。

二〇〇三年11月26日に、朱弘さんは、拉孟陣地の朝鮮人「慰安婦」であった朴永心さんに、拉孟陣地（松山）付近の腊勐村民委員会の建物前で聞き取りを行った。二〇〇一年以降、「戦争と女性への暴力」日本ネットワークのメンバーらが、拉孟の「慰安婦」の朴永心さんの戦時暴力被害の実態調査を行った。朱さんは、その調査に協力して朴永心さんを拉孟の陣地跡付近まで連れてきたのである。朴さんは朱さんを「わが息子」と呼び絶大の信頼を寄せていた。朱さんから私は、元日本兵には語らなかった（語れなかった）朴永心さんの貴重な証言を聞くことができた。朴永心さんが初めて「慰安婦」にさせられた場所が、南京の「キンスイ楼」であり、二人の因縁の深さを感じる。

二〇〇六年8月7日、朴永心さんは「慰安婦」問題の未決の中、無念の思いを抱いて朝鮮民主主義人民共和国平安南道南浦市の自宅で帰らぬ人となった（享年八五歳）。

黍野《きびの》弘《ひろむ》少佐（第三三軍後方参謀）

一九一七年4月29日、和歌山県和歌山市で生まれた。三四年に陸軍士官学校に入校。四四年4月、陸軍大学校を卒業後すぐに第三三軍で最も若い参謀としてビルマに派遣された（当時二七歳）。ビルマ方面軍下の第三三軍後方参謀（少佐）。

二〇〇三年7月、私は、小林憲一さんの紹介でビルマ戦の話を聞きに黍野さんを訪ねた。黍野さんは、毎月一回第三木曜日に靖国神社近くの偕行社《かいこうしゃ》（偕行社とは、旧日本陸軍の将校・将校生徒・軍属高等官の親睦組織。二〇〇一年より陸自・空自の元幹部自衛官の正会員資格が認められるようになった）で新古事記研究会の講師をしていた。ビルマ戦の話を聞きたいなら古事記を学ぶように言われ、最初は戸惑ったが、気がつくと黍野さんの新古事記研究の講義のレジュメをワープロで活字にする作業を担当していた。

新古事記研究会では、「神懸り《かむがか》」による言霊《ことたま》での解釈を目的とするため、一般的な古事記の解釈とはかなり内容が異なる。「新古事記」と命名している所以である。神懸りとは、神が霊媒者の生体を借りて、大乗の使命に係わるお告げや教示の御神託を下すことをいう。言霊による古事記解釈は、霊媒者であり言霊研究者の中西青雲（中西光雲の妻）の身体を借りて行われた。当初、私は神の御名（神名）に不慣れでまともに読むこともできなかった。当用漢字にない難解な漢字及び旧仮名遣い満載の黍野さんの手書き原稿をワードに起こす作業は、手間と根気のいる仕事だった。出来上がったレジュメには何カ所も朱で黍野さんの手直しが入った。もちろん、すべて無償である。二〇〇三年より六年近く、黍野さんが亡くなる二〇〇八年初頭まで研究会のレジュメ作りの手伝いをつづけた。ビルマ戦の研究者としては随分回り道をした。最後は黍野さんの依頼は断らないと覚悟して勤めたが、なぜそうしたのか今でもよくわからない。それにしても、最近になって〝科学的な〟言霊研究に、量子物理学を専門とする最先端の科学者が非常に興味を抱いているという。これは「神の粒子（ヒッグス粒子）」の発見と無関係ではないようだ。言霊研究が科学の最先端研究になる日もそう遠くない」と黍野さんは語った。

黍野参謀は終戦時、ビルマのタトン郊外で戦後処理の最中に二つの決意をした。一つは、ビルマでの戦闘に参加した約三万の将兵を、一人でも多く一日も早く健全な精神と身体で内地に帰還させること。このため、戦後、黍野少佐は自ら英軍との連絡将校となり、ビルマの各収容所（キャンプ）の日本兵の待遇改善に奮闘した。二つ目の決意は、無事復員できたら「天皇制」を一から学び直すこと。黍野少佐は部下に「天皇陛下万歳」と死に際に叫ぶよう指導してきたが、それが本当に正しかったのかを検証しなくてはならないと考えていた。「もし部下に教えたことが間違っていたとわかれば、頭をまるめてお遍路さんにでもなり、供養して廻らねばならない」と黍野さんは自伝に書いている。

黍野さんが実際に天皇制の解明をどのように成し得たのか、詳しいことは聞くことができないままに終わった。黍野さんは神示、神伝の行者である中西光雲（一八九二―一九六九）に師事し、厳しい修行を積みながら、光雲の言霊《ことたま》による古事記の解明の中でその答えを見出そうとしていた。中西光雲は茨城県岩間町に修行場を置き、言霊による古事記研究に打ち込んだ。岩間町の光雲の所には合気道の創始者の植芝盛平（一八八三―一九六九）も通っていた。それで岩間には合気神社がある。黍野さんによると、「合気道の創始者は植芝盛平《うえしばもりへい》だが、実はその合気道こそ青雲（光雲の妻）の神懸りによって神から伝授されたものだ」という。

黍野さんの新古事記研究会の参加者は常時一〇人程度いた。半分近くが旧軍人だったので、古事記の解説の合間に戦争の話で盛り上がった。私はこれを聞き漏らすまいとペンを走らせた。第三三軍作戦参謀の辻政信大佐は、軍で一番若く威勢の良かった黍野少佐に目をかけていた。ビルマルートの遮断作戦（断作戦）策定の際も、辻参謀は、後方参謀の黍野少佐の意見を重視して最終決定を下した。私は、長年、研究会の「助手」をした甲斐あって、黍野少佐に貴重なビルマ戦の体験談を聞く幸運に恵まれた。

拉孟の脱出将校の木下昌巳中尉は戦時中、ビルマの軍司令部で黍野少佐に会っている。辻と黍野両参謀が策案した「断作戦」は、ビルマルートの遮断と同時に拉孟守備隊を救援する作戦であった。それゆえ黍野参謀は拉孟の脱出将校木下昌巳中尉の名を忘れてはいなかった。木下さんに黍野さんの研究会に出ていることを話すと、木下さんは「ぜひとも黍野参謀に挨拶をしたい」と言った。

新古事記研究会のある日、木下さんは市ヶ谷の偕行社にやって来た。研究会の部屋に入るやいなや、よく通る声で「木下であります！」と言って敬礼した。

「おお、木下か、覚えておる、元気だったか」と黍野参謀は笑顔で応じた。

その瞬間、六十数年前のビルマ戦線にタイムスリップした。ピンと張り詰めた空気が一気に流れた。木下さんは挨拶を済ますと、研究会は辞退しそのまま退出した。まるで映画の一場面のようだった。

二〇〇八年の年が明けてまもなく、黍野さんから一本の電話が入った。

「遠藤君のところにビルマの戦《いくさ》の資料は今後全部いくようにしておいたぞ」

黍野さんは、新年早々これを言うために電話をかけてきた。不思議な電話であった。それからしばらくして黍野さんは脳梗塞で倒れ、新古事記研究会は再開されることはなかった。二〇〇八年3月25日、黍野弘さんは帰らぬ人となった（享年九〇歳）。

黍野さんの言葉通り、二〇〇八年以降、まさに天からビルマ戦の資料が降ってくるがごとく、道を歩けば戦争体験者に出くわすかのように、行く先々で予期せぬ不思議な人との縁が広がった。私の拉孟戦の研究は一気に勢いづいた。新たな聞き取りの際も、黍野参謀の「助手」をしていたことを話すと、元将兵らの目の色が変わった。特に肩書きもない無名の研究者にとって、「黍野参謀」は、水戸黄門の印籠のようでありがたかった。

黍野さんは戦争で多くの若い兵隊を自分の命令で死なせてしまったことを省み、後世の若者の役に立てればと生前から埼玉県内の某医大に献体を申し出ていた。黍野さんの遺言で葬式も墓も無用。遺骨は海に散布された。

平田敏夫二等兵（第五三師団歩兵第一一九連隊）

一九二三年、福井県大飯《おおい》郡高浜町和田村で生まれた。京都市山科区在住。一九四三年6月、徴兵検査で甲種合格。一九四四年2月10日、第一二〇連隊嵐《あらし》部隊要員（約千人）として入営。平田さんは手記に「初年兵教育では殴られ、何でもやれる、恥ずかしさも失い、上官の命令に絶対服従の兵隊に仕上げられた」と書いている。3月22日、平田さんは第五三師団（安《やす》兵団）歩兵第一一九連隊第一大隊第一機関銃中隊の初年兵に転属。3月27日、広島市宇品港を出航、北ビルマへ向かった。平田二等兵の所属する歩兵第一一九連隊第一大隊（野中大隊、約九〇〇名）は北ビルマと雲南西部で戦闘をしている第五六師団（龍《たつ》兵団）の永井支隊の配属となり、一九四四年6月から8月の雲南の龍陵戦に投入された。龍陵は盆地で、市街地の周りは山で囲まれている。その山々に日本軍は山上陣地を築き、その山上陣地に一山、二山……六山陣地と名づけた。六山陣地は龍陵の山上陣地の一つで、平田さんは「六の山三」という戦場にいた。安兵団の野中大隊は、龍兵団主力部隊の「おとり」として危険度の高い作戦に投入され、龍兵団の防波堤となった。平田さんの証言は初年兵が見た龍陵の六の山三陣地の全滅戦をありのままに語っている。野中大隊の生存者がほとんどいないなか、平田さんの証言は主力部隊に投入された支援部隊の戦闘を知る希少な証言となっている。平田さんは六の山三陣地で負傷し後方に下がって命をつないだ。平田さんは、龍兵団主力の雲南戦では支援部隊の安兵団の戦闘は看過され、記録も残されていないと訴える。

戦時中、「安《やす》はやすやす祭《まつ》りあげ、昆《こん》と勇《いさむ》でしのぎをけずる」と昆と勇の兵士らだけでなく中国軍からも謳われ、「ビルマ戦に安と祭が来たから負けた」と揶揄されたという。(※) 関西地方の安（第五三師団）と祭（第一五師団）は弱兵の代名詞のように酷評された。反対に、九州兵団の龍（第五六

左から平田敏夫氏、著者、平田氏の娘の順子さん
（中国とミャンマーの国境・瑞麗検問所前）

師団）や菊（第一八師団）は日本軍屈指の強軍と高評された。戦後になっても、このような兵団のイメージは払拭されず、平田さんは肩身の狭い思いをする一方で、戦死した安の戦友のためにも安の記録を残すことをライフワークにしている。

平田さんの熱のこもった語りは、二〇〇八年5月の京都と8月の新宿で聞いた。戦後の平田さんは、京都市に梱包関係の会社を設立し、会長として現在に至っている。

平田さんとの縁はその後もつづき、二〇一二年のゴールデンウイークに、私は平田さんと娘の順《より》子《こ》さん、そして孫の哲也さんと一緒に雲南戦場の戦跡を巡る旅をした。

〈※〉昆とは、第三三軍の通称号。一九四四年4月29日、北ビルマ・雲南を重点とする作戦企図から、ビルマ方面軍の編成に第三三軍（昆）が創設された。ビルマ方面軍は、一九四三年3月27日に創設された。勇とは、第二師団の通称号。第二師団は、宮城、福島、新潟の三県出身者による東北師団である。南太平洋のガタルカナル戦や中国雲南の龍陵戦など凄惨な激戦地を戦った師団で、ビルマでの勇兵団の戦没率は七割と非常に高い。祭の編成地は名古屋で、龍陵戦には第六七連隊（秋葉隊）が投入された。

第五六師団（龍兵団）戦友会の人脈

私にとって平田敏夫さんは第五六師団（龍兵団）への案内人である。二〇〇八年11月、九州の龍兵団の戦友会が佐賀県の古湯《ふるゆ》温泉で行われ、平田さんの紹介で参加した。そこで平田さんの娘の順子さんと知り合った。順子さんは必ず父親の戦争関係の会合や旅に同行している。

拉孟守備兵は、福岡、長崎、佐賀の九州の三県を徴兵区としている。私は、佐賀で雲南戦線に従軍した龍の元将兵に出会えた。平戛《へいかつ》（現平達）守備隊の生存者の川瀬利男さん（第五六師団歩兵第一四六連隊）、騰越守備隊の生存者の蒲池政人さん（第五六師団輜重兵第五六連隊）、古賀甚吾さん（第五六師団野砲兵第五六連隊）、拉孟守備隊の高瀬静男さん（第五六師団歩兵第一一三連隊）らに会うことができた。

二〇〇九年11月、平田さんは龍兵団東京地区戦友会の世話人であった横田忠夫さん（故人）を紹介してくれた。「横田さんと知り合えば、龍兵団の人脈がさらに広がる」と平田さんの助言である。戦友会の世話人であった横田さんの東京都町田の自宅マンションの一室は、龍の元将兵や遺族から送られた手記や参考図書などでところ狭しと埋まっていた。横田さんのマンションで私は、拉孟の関山に野砲の陣地を構築した関昇二さん（第五六師団野砲兵第五六連隊第九中隊長）に出会った。関さんは日本軍が拉孟を占領してまもなく日本に帰国し、一九四二年10月に陸軍科学学校に入学した。拉孟の陣地名のいくつかは、西山、音部山、関山と占領時の龍兵団の将校の名前が付けられている。関山陣地は関さんの名をとって付けられた。拉孟の全滅戦で関山は、中国軍に爆破され、多くの日本軍兵士が犠牲になった陣地である。

数年前に龍兵団の戦友会（東京支部）の世話人であった横田さんが亡くなられたため、関さんが代わって世話人代表となった。二〇一三年11月22日の慰霊祭から、世話人の一人として私も関さん（当時95歳）の手伝いをさせていただいている。拉孟戦研究者として私ができることは、遺族の方々に当時の戦況をわかりやすく説明し、遺族同士の交流の架け橋となり、戦争を風化させないように力を尽くすことだと思っている。

慰霊祭・永代神楽祭の出会いと聞き取り

私は時間が許す限り戦争の話を聞きに、証言会、講演会、慰霊祭、戦友会に赴くようにしている。一般公開の証言会や講演会とは異なり、慰霊祭や戦友会の参加者は元将兵や遺族などに限定されるので、原則として関係者の紹介がなければ部外者は参加できない。したがって私が研究活動で一番大事にしているのが元将兵や遺族の方々との信頼関係である。

戦争関係者の慰霊祭は、毎年同じ日程か同時期に開催されることが多い。私は二〇〇六年と二〇〇八年の4月1日に、東京都杉並区の善福寺で行われた第二師団工兵第二連隊の慰霊祭に参加した。善福寺の田中一義住職（故人）は雲南の龍陵戦で戦闘した第二師団工兵の中尉であった。木下昌巳中尉が拉孟陣地を脱出し、歩兵団司令部のある龍陵に向かう山中を彷徨っている時、偶然田中中尉に出会った。田中中尉は中国の農民の姿をした怪しい「日本兵」二人に弁当のにぎり飯をやった。木下中尉はあの時の飯の味が忘れられないと語った。

私はまた、毎年、同じ日にちに靖国神社で行われる永代神楽祭に参列している。5月14日は第二師団（勇兵団）、11月22日は第五六師団（龍兵団）、10月10日は少年飛行兵の「少飛会」である。靖国神社のホームページによると、永代神楽祭とは「遺族の申し出により神霊の命日や縁ある日に、神楽を奉奏し、永代に亘って神霊を慰める祭り」と記されており、靖国神社の本殿内で執り行われる。第二師団は一八八八年5月14日、仙台鎮台で編成された。第二師団の水足浩雄さんによると、第二師団の創設日に因んで5月14日を永代神楽祭の日としたという。近年、元兵士らの高齢化に伴い戦友会は解散され、元兵士らは定期的に集う場を失った。慰霊祭は彼らが戦争をはばかることなく語れる数少ない場である。高齢の元兵士は親族に付き添われて参加する場合が多い。「一年後にここで会おう」と互いに誓い合う姿をよく見かける。慰霊祭や永代神楽祭は、私にも元兵士や遺族の方との再会の場であり新たな出会いの場でもある。部外者ではあっても慰霊祭にまで足を運ぶ者に、元将兵や遺族らは比較的寛大で、聞き取りを断られたことはほとんどない。歴史認識の問題から靖国神社に立ち入らない研究者もいるが、靖国に行かなければ聞けない話、出会えない人がいることも事実である。私は、史実を明らかにするために、慰霊祭や神楽祭にはできるだけ足を運ぶよう心がけている。

戦友会での出会いと聞き取り

戦友会とは、軍隊において戦場体験や所属体験を共有した仲間の集まりである。戦後自然発生的に設立され、一九六五年から六九年が設立のピークとなり、一九八〇年代には三分の一に減少し、二〇〇〇年以降は会員の高齢化で解散を余儀なくされている。戦友会と慰霊祭がセットになっている場合もある。旅行を兼ねて温泉場で開催されることも多い。戦争体験の聞き取りは新聞記者でもそうだと思うが、短時間で聞きたいことを効率よく聞くことはなかなか難しい。ある元兵士は「戦争の体験談を聞きたいと言われて話しても、さっぱり音沙汰がなくなり、その後どう活用されたのか、事後報告がないからあれでよかったのかとあとから不安になる」と語った。戦争・戦場体験は人の生死にかかわる話ばかりなので、聞く側の心構えと聞いた後のフォローアップが求められる。戦友会での聞き取り活動について、第二師団工兵第二連隊戦友会の「勇会（東京支部）」を例に挙げてみる。

勇会の事務局長の水足浩雄さんと拉孟の木下昌巳さんは、陸士の「同期の桜」であり、長年の飲み仲間である。二人は一九四四年の雲南戦線を共に戦った、まさしく「戦友」である。

この勇会（東京支部）は、毎月第四木曜日の正午から三時頃まで市ヶ谷の偕行社で行われている。夜の居酒屋でしか聞けない話もあるだろうが、女性だからこそ気安く話してくれることもある。

勇会は会員の高齢化に伴い、二〇〇七年12月の忘年会を最後に、勇会の正式行事は終了し、翌年から「第二師団勇会有志会」と名を改め引き継がれている。すでに書いたように、平均年齢九〇歳以上（二〇一三年現在）の元将兵、五、六人が毎月参加している。戦友会が消滅しつつある現状で勇会有志会は極めてレアな存在だ。勇会有志会の特徴は、元兵士や遺族以外に三〇代から四〇代の若い世代が会員であることだ。同会の活動の魅力は若い世代とのコラボにある。たとえば、ガタルカナル島（以下ガ島）の日本兵の遺骨収集の自主派遣隊の団長である若き僧侶・崎津寛光さんと副団長の女性ジャーナリスト・笹幸恵さんも会員である。この自主派遣隊にガ島戦の生き残り、金泉潤子郎さん（一九一九年生まれ）も参加している。ガ島で果てた戦友の骨を拾うことが金泉さんの生涯の願いだ。「ここまで生きて来られたのも皆さんのおかげです。私はガ島の『丸山道（※）』をもう一度歩いて戦友に会いたい」と金泉さんは熱く語る。

また、ビルマ戦の元兵士の孫娘で、大学でビルマ語を専攻し、ミャンマーに留学した女性翻訳者も会員である。今後、彼女の語学力が生かされる場がますます期待されるだろう。勇会有志会の元将兵らは、若い世代との交流が何よりも喜びで生きがいなのだ。

勇会有志会で、私は食事の注文、お茶くみ、配布物のコピー、雑用係兼会計業務としての「地位」を確立した。及ばずながら第二師団元将兵の最後の一兵までお世話する覚悟だ。少しでも会の役に立つことで会員の方々との信頼関係を二〇〇五年より共に築いてきた。だからこそ聞ける稀有な話がある。日常的な瑣末な話にも耳を傾ける。戦争以外にも彼らの話から学ぶことは多い。元将兵の戦後の生き様も「昭和史」の記録として書き残さなくてはならないだろう。戦場体験と彼らの戦後は無関係ではないからだ。

〈※〉丸山道とは、一九四二年10月24日、ガ島第二次総攻撃に際して、前人未到の密林に迂回して米軍の側背から飛行場を奪還することを目的に切り開いた密林道である。当時の第二師団長・丸山政男中将の名を取って「丸山道」と呼んだ。

II

ビルマルートと拉孟《らもう》

米英中連合軍と「ビルマルート」

一九二九年の世界大恐慌の影響で、日本経済も不景気のどん底に落ち込み、大量の貧困者や失業者が巷に溢れた。日本の軍部に、満州を植民地化して日本の「危機」を乗り越えようとする動きが起こった。一九三一年9月18日、当時、満州（中国東北地方）に駐留していた日本軍（関東軍[※1]）が奉天（現瀋陽）郊外で南満州鉄道線路を爆破し、これを中国軍の仕業として直ちに出動した。満州事変の始まり（柳条湖事件）である。日本軍は一気に満州全土へ侵攻し、一九三二年3月1日、日本の傀儡国家「満州国」を建国した。

満州を武力制圧した日本は、さらに中国侵攻を拡大した。一九三七年7月7日、北京郊外の盧溝橋で日中両軍の武力衝突（盧溝橋事件）が勃発し、実質的に日中全面戦争へと突入した。同年8月、上海で日中両軍が武力衝突（第二次上海事変）、その後上海を制した日本軍は12月に当時の首都・南京を攻略し、民間人を含む大量虐殺を引き起こした。日本軍の一連の侵攻に対して、内戦中であった毛沢東の中国共産党と蔣介石の国民政府は内戦停止（第二次国共合作）、統一して抗日戦に当たった。日本軍に南京を追われた蔣介石の国民政府は、武漢を経て、一九三八年6月にさらに奥地の重慶に拠点を移し、ここを臨時首都とした。

一方で、日本の中国侵攻に危機感を募らせていた米国、英国、ソ連は、重慶の蔣介石に対して軍需物資の支援に乗り出した。米、英、ソによる「蔣介石政権を支援する軍需物資の補給ルート」を日本では「援蔣《えんしょう》ルート」と呼んだ。援蔣ルートには、広東を経由する「広東ルート」、仏印（現ベトナム）ハイフォンから昆明を経て重慶に至る「仏印ルート」〈※2〉、新疆ウイグル地区を経由したソ連からの「西北ルート」、そしてラングーン（ヤンゴン）から北上し、中国雲南省に入り昆明を経て重慶に至る「ビルマルート」があった。

日本軍が中国の主要都市や交通線を占領し、海上ルートを封鎖したため、中国の対外交通ルートとして、東南アジア諸地域と隣接する雲南省の重要性が一挙に高まった。数ある援蔣ルートの中でも古くは〝南のシルクロード〟として、中国の昆明とビルマを結んでいた「ビルマルート」が、蔣介石軍への米国による軍需物資の補給路として再び注目を集めるようになった。

このルートを中国では「滇緬《てんめん》公路」と呼んだ。「滇」とは雲南省を、「緬」とはビルマを意味する。滇緬公路の距離は、ビルマ東部のメイミョーからラシオ、ビルマ国境の畹町《わんちん》を経て、芒市《ぼうし》、龍陵、拉孟、保山、昆明に至る全長一四〇〇キロメートル（うち中国国内九五九キロメートル）である。

中国はこの公路を「われわれの生命線」と呼び、国民政府と雲南省政府は建設費を折半し、労力は雲南省政府が担って一九三七年末から建設（改築と舗装）を開始した。同政府は雲南に住む一〇の民族――イ・ペー・タイ・ミャオ・リス・チンポー・アチャン・ドゥアン・回・漢の延べ二〇万

現在の滇緬（てんめん）公路

人を動員した。道路建設用の機械がなかったため、工事には、鍬・ハンマー・つるはしなどの道具で、人々の血と汗による驚異的な速さで一九三八年8月に全線を開通した（石島紀之『雲南と近代中国――〝周辺〟の視点から』青木書店、二〇〇四年、二一三頁）。

〈※1〉関東軍とは、満州の遼東半島（関東州）に駐屯した日本陸軍部隊。日露戦争後、関東州と南満州鉄道（満鉄）の権益を保護するために設置され、大陸侵攻と満州国支配の中核となった。戦争末期、ソ連軍の侵攻により壊滅。

〈※2〉仏印とは、当時のフランスの植民地で、「フランス領インドシナ」の略称。現在のベトナム、ラオス、カンボジアを合わせた地域に相当する。

日本の南方作戦と「ビルマルート」の遮断

一九三九年9月、ナチス・ドイツによるポーランド侵攻で第二次世界大戦が始まった。ヒトラーの独軍の快進撃に呼応して、日本軍はビルマルート（援蔣ルート）の遮断に乗り出した。独軍に追い詰められ、ダンケルクから本国に撤退した英軍（一九四〇年5月）に、ビルマを通って中国へ至る「ビルマルート」の閉鎖を要求した。ビルマは当時、英国の植民地だったからである。英国は交渉の末、三カ月間の期限付きで閉鎖を認めた。一方で、ヨーロッパ戦線で独軍に圧倒され占領されたフランスにも、日本軍は、「仏印ルート」の閉鎖を要求した。

一九四〇年9月、日本軍は武力で仏印への進駐を強行し、南方進出の足掛かりを固めた。日本軍の仏印進駐に対して、これまで静観していた米国もついに動き出した。日本のアジア侵攻に歯止めをかけるべく日本への経済制裁を開始した。屑鉄や石油の日本への輸出を規制し、四一年8月には米国からの石油輸出が完全に止まった。アヘン戦争以来中国に既得権をもつ英国も、日本のこれ以上の中国侵攻を許さなかった。英国はインド、ビルマ、マレー、シンガポール、香港などの植民地に日本の触手が伸びることを阻止したかった。それゆえ三カ月の期限が切れると直ちにビルマルートを開通し、再び重慶の蔣介石政権への軍需物資の支援を始めた。

一九四一年9月6日、日本では天皇の臨席する御前会議で以下の方針が決定された。

「大日本帝国は、自存自衛を全うせんがためには、米英蘭に対して、戦争を止めざる決意のもとに、おおむね、10月下旬を目途として、戦争準備を完遂する」

近衛内閣の対米交渉が行き詰まり、10月に総辞職、代わって東条英機陸軍大将による内閣が成立した。一九四一年11月、大本営政府連絡会議で、東条は「アメリカの圧迫に、これ以上の臥新嘗胆は、我慢ならない」と述べ、米英との開戦決意を表明した。その後、ハル米国務長官と野村駐米大使の間で日米交渉が繰り返されたが、11月26日に交付された「ハル・ノート」では、「支那、仏印からの日本の無条件撤退、支那での重慶政権以外の政府・政権の否定、日独伊三国同盟の死文化」が要求された。これは日本のアジア大陸政策を全面否定する内容であった。日本は米国のこの要求を拒否し、一九四一年12月8日、日本陸軍のマレー半島奇襲上陸および海軍の真珠湾奇襲攻撃により対米英宣戦を布告した。アジア太平洋戦争の幕開けである。

日本軍は開戦とともに、東南アジアへの南方進出作戦を開始した。日本軍の南方作戦の主な目的は、①アジアにおける欧米列強の補給地や軍事拠点の占領、②南方の石油など重要資源の獲得、③連合軍によるビルマルート（援蒋ルート）を遮断することであった。

日本軍の南方作戦の一つであるビルマ侵攻作戦の目的もこの三点であるが、さらに付け加えれば、ビルマ工作の一環としてビルマ独立運動の活動家たちを後押しして、英国からのビルマの「独立」を促し、ひいてはアジアに対する英国の支配を弱めることもねらいであった。当時のビルマ独立運動のリーダーのアウンサンは、今日のミャンマー民主化運動家のアウンサンスーチー女史の父である。

新しいビルマルート「レド公路」の建設

一九四二年3月8日、日本軍はビルマの首都ラングーン（現ヤンゴン）を占領し、北ビルマへ北進して、5月上旬には中国雲南省の怒江（ビルマではサルウィン河）の線まで侵攻してビルマルートを遮断した。しかし、米英軍は中国への支援続行を決議した。米英中連合軍は従来の地上の補給路に代わる新たなルートを求めた。最初の試みはインドのアッサムと中国の昆明を結ぶ「空のビルマルート（「ハンプ空輸」）」である。インドから航空機で昆明へ軍需物資を運び、帰航便で中国兵を乗せてインドに輸送した。ヒマラヤ山脈の突き出た高地を「ハンプ（瘤）」と呼ぶのでこの名が付いた。

ところがこのハンプ空輸は、ヒマラヤの高山上空の不安定な気流をぬって飛行する困難なルートのため、飛行機事故が多発し、輸送機と人的損害が甚大であった。そのため空輸量にも限界が生じ、そのため連合軍は地上の「新しいビルマルート」の建設に活路を求めるようになった。これは「レド公路」と呼ばれ、インドの東北端のレドを起点に、北ビルマの要衝ミートキーナ（ミッチーナ）で二本に枝分かれし、一本は雲南省西部の騰越（現騰冲）を経て龍陵に至り、もう一本はバーモ、ナンカン、龍陵で二本の枝は合流し、拉孟、恵通橋を経て昆明に至るルートである。

一九四二年12月にレド公路建設が開始され、米中軍の工兵部隊が建設に従事した。レドとミートキーナ間は前人未到の原始林で、工事は困難を極めたが、四二年後半から、戦況が日本軍優勢から連合軍優勢へと反転するにつれて建設工事も進展した。一九四四年9月、滇緬《てんめん》公路上の要所である騰越、龍陵、そして拉孟の日本軍陣地が相次いで陥落すると、ミートキーナから保山間の公路建設は飛躍的に進展した。公路の建設工事に雲南の二万余の人々と米軍工兵七〇〇人と二〇〇台の建設機械が投入され、わずか二カ月で保山からミートキーナ間の公路が開通した。レド公路は、北ビルマ反攻作戦と公路建設に尽力した米軍のスティルウェル将軍を記念して蒋介石により「スティルウェル公路（史迪威公路）」と命名された。

インパール作戦後の最後の決戦

日本軍第五六師団がビルマルートを遮断したのはアジア太平洋戦争開始から半年後、一九四二年5月のことである。しかしその後戦局は逆転し、二年後の一九四四年6月、連合軍はビルマルート奪回の反攻作戦を開始した。連合軍の反攻作戦の狙いは、前述の新ビルマルート（レド公路）の貫通であった。それに対し日本軍は、騰越、龍陵、拉孟などレド公路の要所に日本軍守備隊を配備した。拉孟戦をひとことで言えばこの新しいビルマルート「レド公路」の貫通をめぐって、それを拉孟で遮断したい日本軍と、貫通させたい連合軍との攻防戦であった。

以上述べたように、ビルマは重慶の蔣介石政権を支える補給路として最重要であったが、同時に日本軍にとってはインドや中国内陸部への侵攻基地としても重要だった。一九四四年3月、第一五軍司令官の牟《む》田《た》口《ぐち》廉《れん》也《や》中将が、北ビルマを起点としたインド侵攻作戦（インパール作戦）を強硬に推し進めたねらいは、ビルマ奪回をねらう英軍の作戦拠点であるインド東北端のインパールを攻略し、さらにはインド独立運動に乗じてインドの反英独立の気運を醸成し、英国の支配からインドを分断しようということだった。牟田口のこの「インド侵攻」への執着により、雲南西部を起点とする中国内陸部への侵攻作戦計画は棚上げされた。そのため第五六師団と第一八師団による雲南戦線は、当初はインパール作戦を後方から支援する支作戦にすぎなかった。

ところが、補給を全く無視したインパール作戦は、史上最悪の作戦となり、日本兵の「白骨街道」を残して終わった。一九四四年7月3日、大本営はインパール作戦の中止を命じ、ビルマ戦線の防衛拠点を北ビルマから雲南地区へ移行させ、レド公路を遮断する作戦をビルマ防衛戦の主作戦にすえた。これを「ビルマルート遮断作戦（断作戦）」と呼ぶ。

同じ時期第三三軍参謀内では、インパール作戦後の最後の決戦場を雲南方面にするか北ビルマのミートキーナ方面にするか決めかねていたが、この第三三軍参謀に支那派遣軍参謀から着任したばかりの辻政信高級参謀の次の一言で、印支地上ルート（新ビルマルート）の遮断は、ミートキーナ方面を放棄して食糧事情の良い雲南方面とすることに決まった。7月10日のことである。

「飯も食えぬようなところ〈ミートキーナ線〉で戦《いくさ》ができるか。『雲南』だ。雲南にあらん限りのものを持って行って、とぐろを巻くんだ」（〈　〉は引用者。陸戦史研究普及会編『陸戦史集一六　雲南正面の作戦――ビルマ北東部の血戦』原書房、一九七〇年、一〇七頁）

こうしてインパール作戦の大敗後、雲南西部の山上陣地であった拉孟の戦略的な重要性が一挙に高まった。

しかし、雲南重視の方針は決まったものの、一九四二年5月より雲南方面を防衛していた第五六師団は、四四年のインパール作戦に多くの兵力を取られていたため、一個師団で「断作戦」を完遂することは到底不可能であった。そこで、第五六師団を主力に、ビルマ南西海岸から第二師団、北ビルマから第一八師団などを雲南地区に結集させて同作戦に投入しようとした。ところが、広大なビルマを縦断する形で展開していた第二師団の結集が予想以上に難航し、断作戦の開始が大幅に遅れて、最終的に9月3日となったのである。

一九四二年5月から四四年9月までの二年四カ月をかけて、レド公路を阻止する「最後の砦」として第五六師団第一一三連隊の拉孟守備隊は、眼下に怒江が流れる標高二〇〇〇メートル以上の高黎貢《こうれいこう》山系の南端の山上に堅牢な陣地を構築し、この地に陣取った。

一九四四年6月2日、拉孟守備隊一三〇〇名と、中国軍との間に新ビルマルート（レド公路）の遮断をめぐって、約百日間の攻防戦が開始された。第三三軍の辻政信参謀によれば日中の兵力差は一五倍以上だったという。連合軍からの軍事援助で補強された中国軍に守備隊は全面包囲され、武器弾薬・食糧枯渇のなか、一九四四年9月7日に拉孟守備隊、つづいて14日に騰越守備隊の相次ぐ全滅により、日本軍は雲南地区及び北ビルマから完全に排除された。

日本軍撤退後の一九四五年1月28日、連合軍によるビルマ国境の畹町《わんちん》でレド公路開通の式典が盛大に挙行され、2月4日にレド発の最初の輸送隊（自動車隊一二〇台）が昆明に到着した（石島前掲書、二二一―二二二頁）。

かつての戦場は今…

一九四四年9月の日本軍拉孟守備隊の全滅からざっと七〇年がたった。その戦場跡は現在どうなっているのだろうか。

二〇一二年4月末から5月上旬に、私は中国雲南省西部の拉孟の戦場跡を初めて見て歩いた。雲南省の人口は約四五〇〇万人、漢民族以外に五二の少数民族（約五〇〇〇万人）が居住している。私

雲南省の省都・昆明に残る旧雲南陸軍講武学校

たちの一行は上海から雲南省の省都・昆明に飛んだ。ここは標高一八九一メートルの高地のため、日本のマラソン選手がたまに練習をする場所で知られている。昆明には旧雲南陸軍講武学校（一九〇八―一九二七）という軍人教育施設が展示館として残されている。教官四八名のうち二八名が日本の陸軍士官学校に留学し軍事を学んだ。卒業生には朱徳《しゅとく》（※1）や葉剣英《ようけんえい》（※2）らがいるという。

昆明に一泊し、翌日、ビルマとの国境の芒市《ぼうし》の徳宏《とっこう》空港に飛んだ。芒市のシンボルの孔雀をイメージした空港ターミナルが印象的だ。芒市はタイ族やチンポー族などの少数民族が多い自治州で、住民も漢民族とは異なり南方系の顔立ちが多い。芒市にはかつて日本軍第五六師団司令部があり、雲南進出の軍事拠点であった。

拉孟陣地付近から観る高黎貢山系

芒市からは陸路で雲南西部の保山市龍陵県に向かった。龍陵は拉孟や騰越など日本軍守備隊の兵站拠点であり、第五六師団の歩兵団司令部が置かれていた。

龍陵から拉孟までは約六〇キロメートル、車で一時間の道程だ。雲南の雨季は五月から始まる。拉孟陣地は二〇〇〇メートルの山上にある。現地ではこの山を松林が多いので「松山」と呼んでいる。

雨季間近の雲南の気候は不安定で、山裾で凄まじい豪雨に見舞われた。山上は深い霧に覆われ全く見えない。入山を拒まれているようで不安な気持ちになった。視界が閉ざされては車の運行は不可能である。豪雨と霧が治まらなければ拉孟陣地行は諦めてほしいと中国人ガイドに告げられた。ここまで来たのに……恨めしい気

拉孟陣地跡の松林

持ちで天を仰いだ。

一緒に旅をした平田敏夫さん（当時八九歳）は、雲南で戦った元兵士の一人だ。平田さんによると、雲南の霧は簡単には晴れない。霧が出たら日中両軍は共に戦闘は取りやめたという。平田さんも雨空を仰いでため息をついた。

雨宿りを兼ねて、拉孟陣地まで数キロという部落の小さな食堂で昼食を取った。野菜の炒め物や白濁のスープなど素朴な雲南料理を食べながら思った。平穏に暮らしていた部落に突如やって来た日本軍を部落の人びとはどう受けとめただろうか……。

幸い食事が終わる頃に雨も小ぶりになり、何とか車を走らせることが可能となった。不思議なことに私たち一行を乗せた車の進路に歩調を合わせるかのように、前方の霧が晴れていった。

平田さんも、「めったにないことだ」と驚きながら、「先ほどの雨は戦友の嬉し涙で、はるばる日本からやってきたあなたに陣地を見せてくれた」と目を潤ませた。

拉孟の赤土を踏んだ時の感動は今なお消え去らない。雨上りの山上の戦場跡は、松林の匂いが立ち込め、雨季の最中の拉孟戦の臨場感を十分に味わうことができた。拉孟では米軍機による空爆が間断なくつづき、一日、数千発もの爆弾が投下されたという記録がある。これまで生存者から聞いた拉孟戦場の痕跡も目の当たりにした。「地隙《ちげき》」を利用した中国軍の交通壕も当時の姿のまま残っていた。地隙とは、雲南地方の特殊な地形で、浅いもので二メートル、時には数十メートルもの深い溝が松山の四方に延びている。拉孟陣地の至る所にこのような地隙が残っていた。元拉孟守兵の早

中国軍の交通壕跡

見正則さんによれば、この溝に多くの日本兵の死体が転がっていたという。壕は豪雨と空爆で崩壊し、糞尿と赤泥土と血が入り混じる凄惨な状況だったという。そんな戦場の様子が目に見えるようで、私は赤泥土に立ちすくんだ。

中国では現在も引きつづき旧日本軍の遺骨収集は許されていない。異郷の地で果てた拉孟守兵の夥しい遺骨は、今なお故郷に帰ることもできず、人里離れた松林の山上のどこかで眠っている。若い兵士たちは、最後に何を思ってこの松山で死んでいったのだろうか。足元の濡れた赤泥土に兵士たちの霊魂が練り込まれているように感じた。

平田さんは一九九八年一一月にも拉孟陣地を訪れているが、当時は山頂の陣地まで急な斜面を自力で登るほかなく、高齢の元将兵らには体力的に厳しいものがあった。ところが、今回私たちが拉孟陣地を訪れた時には、山の斜面に木製の遊歩道や階段が建設中であった。最近、松山の拉孟陣地は、「愛国主義教育」の観光スポットになっているようだ。私たちが宿泊していた龍陵賓館の部屋のガイドブックにも、松山（拉孟）で「愛国主義教育」を受けている中学生の写真が掲載されていた。

雲南西部の戦場跡を歩いてみて、想像以上に戦争遺跡が整備、保存されていることに驚いた。戦跡碑の建立年月日を見るといずれも新しく、私が見た中では二〇〇四年以降のものが多い。その頃から雲南戦の戦跡の保存、整備が積極的に行われてきたようである。

その理由は何か。一九八〇年代頃までは、中国政府は、中国が日本に唯一完全勝利した雲南戦の担い手が蔣介石の国民政府軍であったことから、拉孟戦や騰越戦はずっと黙殺しつづけてきた。ところが、一九九〇年代の江沢民政権期になって、歴史認識問題などで愛国主義教育の機運が高まるなか、雲南戦においても日本軍の侵略戦争の史実の証拠収集が盛んに行われるようになったという。九四年9月には、党中央宣伝部の名で「愛国主義教育実施綱要」が公布された。

こうして中国政府は、近年、雲南戦における「歴史の空白」をようやく埋め始めている。ただし、雲南戦跡に刻まれた文言をよく見ると、雲南戦はあたかも共産党軍が主導の戦争であったかのように再解釈されて記録されていることがわかる。以下、戦跡のいくつかを紹介してみよう。

〈※1〉朱徳（一八八六―一九七六）は、中華民国・中華人民共和国の軍人・政治家。中国人民解放軍の創設者の一人。日中戦争では八路軍の総司令官。

〈※2〉葉剣英（一八九七―一九八六）も同じく、中華人民共和国の軍人・政治家。日中戦争では八路軍参謀長・人民解放軍参謀長を歴任。

恵通橋

ビルマルートを昆明に向かう米軍の補給輸送トラックは、必ず恵通橋を通らなければならなかった。恵通橋は「援蔣ルート」のジャンクション（連結点）だった。日本軍の拉孟守備隊はこの恵通

旧恵通橋

橋を見下ろす二〇〇〇メートル以上の山上に布陣し、この補給輸送を阻んだ。

一九四二年5月5日、拉孟を占領した日本軍は中国軍を恵通橋まで追撃したが、中国軍は恵通橋を自ら爆破して内陸へ撤退した。以来、四四年6月初旬の中国軍の攻撃が開始されるまでの二年余、日中両軍は怒江を挟んで共に山上で対峙した。中国軍は反攻作戦にともなって四四年7月中旬頃、恵通橋を修復し、再び軍需物資の輸送路として復活させた。

怒江はビルマではサルウィン河と呼ばれ、ビルマ中部のシャン高原に向かって流れ込んでいる。怒河は雲南の雨期の5月から10月頃になると水嵩が増して荒れ狂う、文字どおり「怒りの河」に変貌する。私が恵通橋を訪れたのは二〇一二年4月30日。冷たい雨に打たれながら、雨季に入ったばかりの怒江は薄いカフェオレ色をしていた。中国人ガイドによる

怒江（サルウィン河）に架かる恵通橋（手前が旧恵通橋、奥が新恵通橋〈紅旗橋〉）

と、雨季にかけて怒江の周囲の山肌の赤土が削られて河に流れ込むと、怒江が黄金色に変わるという。雨の恵通橋を背に山上は濃い霧に覆われて何も見えない。拉孟は深い霧の中にあり、私たちが足を踏み入れるのを拒んでいるかのように見えた。対岸には中国軍が布陣していた「鉢巻山」らしき山々が見えた。山裾から山上に向かう山道がまるで頭に鉢巻をしているようにぐるぐると蛇行して見えたので、当時の日本兵が鉢巻山と名付けたのだという。

戦時中の恵通橋（旧恵通橋）は現在は使われていない。新恵通橋は紅旗橋と呼ばれ、旧恵通橋の隣に架けられた全長八四メートル、幅四メートル、一〇トントラックも通行できるコンクリート製の橋である。旧恵通橋は、一八七五年に架けられた中国式の吊り橋で、当時から四川、昆明、大理、保山、ビルマにつづく「南方シルクロード」の交通の要所だったという。

一九九三年11月16日、旧恵通橋は雲南省人民政府により雲南省の「文化保存橋」に指定された。雲南戦線のいくつもの「戦争遺跡（戦跡）」が政府当局によって保存されている。戦跡とされた旧恵通橋を眺めていると、興味深いことに気づく。中国政府のシンボルである「紅星」が正面に描かれている。一九九七年1月に旧日本軍関係者が撮影した旧恵痛橋の写真には「紅星」は見えない。

龍　陵

龍陵は、四方が山に囲まれた盆地で、龍陵の市街地の中央をビルマルート（滇緬公路）が貫き、三叉路を右折すれば拉孟、左折すれば騰越へ通じる公路の分岐点であり軍事拠点であった。龍陵は、拉孟、騰越の前線の後方基地として、第五六師団の歩兵団司令部が置かれた。そのため、一九四四年6月から10月頃まで、拉孟、騰越と並んで、中国軍の反攻の最大の目標とされ、龍陵市街を囲む山上陣地の激しい争奪戦が行われた（龍陵会戦）。9月3日に発動された断作戦（ビルマルート遮断作戦）の遂行のためにも、龍陵の確保は必要不可欠であった。

ビルマ方面軍に属する第三三軍は、断作戦遂行と拉孟・騰越の救援のため、第五六師団主力以外にも、第五三師団、第二師団、第一八師団、第一五師団、第四九師団から抽出した部隊を龍陵戦に投入した。龍陵戦も拉孟戦に匹敵するような凄惨な戦闘が繰り広げられ、現地住民の戦争被害は甚

「龍陵抗戦記念広場修建碑記」が刻まれた壁

大であった。

戦時期、龍陵の白塔村は、知識人・文化人が多くが住んでいたので「文化村」と呼ばれていたが、戦時中、日本軍は憲兵が白塔村で大規模なスパイ狩りを行い、多くの現地住民を虐殺した。したがって白塔はとりわけ反日感情が強い。贖罪の気持ちと将来の遺骨収集の実現を期待して、雲南戦線の元軍人の生き残りと遺族が募金を集めた。一九九八年11月3日、白塔村に建設した小学校が完成した。二〇一二年5月、私たちはこの白塔小学校を訪れたが、小学校の建物は民間企業に売却され、校庭中央の国旗掲揚塔の礎石に記された「日中友好」の文面は赤茶色のプレートで覆われていた。小学校売却の事実は、日本側の関係者には何も伝えられていなかった。

龍陵抗戦記念碑広場

龍陵の町の東端に龍陵抗戦記念碑広場がある。この広場の一角に、幅三〇センチ、高さ二・五メートルほどの石の板を貼り付けたコンクリート製の壁のようなものが建っていて、この壁には共産党政府により一部改ざんされた史実が長々と刻まれていた。「龍陵抗戦記念広場修建碑記」というタイトルにつづき、「龍陵は祖国西南の辺境、怒江と龍川の間に位置し、隣国ミャンマーの果敢県とは川を挟んで互いに望める。歴史古く麗しい辺境の地には漢族、イ族、リス族、タイ族、アチャン族など二七万の各民族同胞が暮らす。龍陵は古くから西南シルクロードの重要な要衝であり、抗戦時に建設され県境を貫く滇緬公路（現在の三二〇国道）はミャンマー、タイ、南洋に結ばれる国際通路の要道であり、西南の国防上の要だ」

と書き出された文章の後には、共産党中央の的確な指導、龍陵地方幹部による知略の限りを尽くした巧妙な作戦、末端党員の犠牲を恐れない戦闘があったればこそ日本軍との戦闘に赫々《かっかく》たる戦果を挙げたという内容が延々とつづき、最後には「中共龍陵県委員会龍陵県人民政府二〇〇四年11月」とあった。（訳は愛知大学の樋泉克夫教授による。）

騰越（現騰冲）

戦前の騰越は、ビルマルートの要衝地として栄えた宿場町で、拉孟から北東六〇キロに位置する。かつては中国の都市の多くがそうであったように、一辺一一〇〇メートルの正方形、高さ五メートルの城壁に囲まれ、東西南北に堅固な城門を設けた城郭都市であった。その西門付近に英国領事館

騰越守備隊が立てこもった旧英国領事館の石壁に残る弾痕跡

があり、碁盤の目のように区画されていたというが、現在は城壁はすべて取り払われ、近代的な街並みに変貌している。温泉・ゴルフリゾート地として不動産開発のラッシュがつづいている。私たちは騰越（現騰冲）の五つ星の金源ホテルに宿泊した。前宿のお湯の出ない龍陵賓館とは雲泥の違いだ。高層ホテルから町並みを眺めると、広大な敷地に二千数百棟の三階建て住宅がホテルを取り巻くように建てられていた。しかしよく見ると人が住んでいる気配がない。現地ガイドは、この住宅は他省の金持ちが投資用に購入していて、相当数が売れ残っていると説明した。騰越の市街地を通るバス道路に並行して、ミャンマーに繋がるガスパイプラインの工事が始まっていた。昨今、中国は昆明からミャンマー、タイ、ラオスなどのインドシナ半島進出に向けて「南北経済回廊」と称する国際高速道路網の建設中である。中国の雲南省を起点とする「南進」の実例を騰越で目の当たりにした。

この騰越には、戦場の跡はほとんど残っていない。唯一、騰越城の攻防戦で騰越守備隊が立てこもった旧英国領事館の石壁に、中国軍による弾痕跡が残されているだけである。一九四四年9月14日、騰越守備隊約二千名がこの攻防戦で全滅した。

国殤墓苑（中国兵墓地）——スティルウェルとシェノート

騰越にある「国殤墓園」を訪ねた。一九四五年、蔣介石政権下において雲南戦で戦死した中国将兵の墓苑である。ここには滇西抗戦紀念館が併設されている。広大な敷地に入ると、まず目に付くのは高さ一メートル、直径一メートル半ほどの饅頭状の「倭《わ》塚」だ。筆跡は李根源による。李根源（一八七九—一九六五）は雲南省出身の有名な軍人、政治家である。国殤墓園は中国軍の戦没者の墓苑だが、「倭塚」は日本兵（四名）を葬った墓だという。他所では見かけない珍しいものだ。

国殤墓園の中にある緑の芝生が目に眩しい広場には、抗日戦をテーマにしたブロンズ像が何体も建立されている。滇緬公路の建設用に石を砕く母と子ども、ローラーを引く人夫や墜落した米軍航空兵を介護する少女、また抗日戦に赴く少年兵士の姿もあった。ひときわ目を引くのは、中国軍指揮官スティルウェル（史迪威）中将と米陸軍第一四航空隊司令官シェノート（陳納德）少将の二人

国殤墓園

国殤墓園にある「倭塚」

の米軍人のブロンズ像である。

二人の米軍人は蔣介石政権下で抗日戦を共に戦った同僚でありながら、作戦上の意見や立場の違いなどで実際は険悪な関係であったと言われている。中国人が最も好む米軍人は、今でもスティルウェルとシェノートだそうだ。

一九三七年四月に蔣介石とその夫人宋美齢の要請に応じて、米陸軍航空隊を退役したシェノートが、米志願兵による航空部隊（American Volunteer Group 以下AVG）を組織した（のちに米軍第一四航空軍に入る）。このAVGは、「フライング・タイガー（空飛ぶトラ）」の愛称で親しまれ、中国では米国による対中軍事支援のシンボル的存在になる。一九三九年1月から一九四一年8月までの日本軍の重慶爆撃に対処するために、蔣介石は米軍のこの第一四航空軍に大いに期待していた。

一九四三年、抗日戦の作戦上、この二人の米国軍人は激しく対立した。スティルウェルは、中国軍をビルマ戦線に投入して速やかにビルマを奪回し、新しい地上の補給路としてインドと北ビルマを結ぶ「レド公路」を建設すべきだと主張した。それに対してシェノートは、昆明に拠点を置く第一四航空隊によって中国大陸の日本軍基地を空から爆撃して日本軍を駆逐することが先決だと主張した。早い話が、陸のスティルウェルと空のシェノートの対決である。当初、蔣介石は空軍重視のシェノートの案を支持した。蔣介石は、多大な時間と労力が必要なレド公路の建設に、自らの大事な軍隊を投入したくなかったからだ。

米陸軍第14航空隊本部が入っていた建物。現在は建物の一部が「フライング・タイガー」というレストランになっている。

一九四三年4月、米国大統領ルーズベルトが二人の米軍人の意見調整に乗り出した。最終的にルーズベルトはシェノートの案を条件付で採択した。シェノートは、「空のビルマルート」であるハンプ空輸（七三ページ参照）で燃料や砲弾などの充分な軍需物資の補給ができれば、日本軍を大陸から撃退できると考えていた。ところが、シェノート少将の予想は裏切られた。ハンプ空輸による軍需物資は、後方基地の不整備等の理由から予想通りシェノートのもとに届かなかったのである。

一九四三年5月中旬から末にかけて、昆明の第一四航空隊司令部は、日本軍機による大規模な空爆を受けた。次々に米軍基地が破壊された。蔣介石は、補給をハンプ空輸にだけ頼ることに限界があることがわかった。最終的に蔣介石は

中国軍の下級兵士の墓

スティルウェル中将のレド公路建設案に同意し、レド公路の貫通に中国軍を投入することを認めた。かりにスティルウェルとシェノートがよみがえったとして、国殤墓園内で仲よく並べて建立されたブロンズ像をどう思うだろうか。

二人のブロンズ像からさらに奥に進むと、小高い丘一面が墓石で埋められていた。ガイドによると、三三四六人の中国兵が葬られているという。まとめて火葬して灰をそれぞれの墓に埋めているとの説明だったが真相はわからない。小高い丘の上方に階級の高い軍人の墓が立ち並び、下に下るほど階級も下がり、一番下は二等兵の墓が所せましと並んでいる。軍の組織では死んでまで階級がモノをいうのである。墓石には階級と名前と年齢が刻まれ、墓にぽつぽつと花が手向けられていた。若くして亡くなった兵士を悼む人の気持ちに階級による違いはない。

この国殤墓苑は、一九四五年7月7日、李根源の提唱で建設された。戦没中国兵九千名の墓園であり、その中に、米軍将校一九名の

雲南戦線で戦死した米軍将校 19 人の慰霊碑

慰霊碑がある。隣接した場所に、二〇〇四年9月24日の日付の、「米中両軍の若い兵士らの犠牲の哀悼と米中友好を求める」という内容のブッシュ米大統領の書簡が透明のパネルでカバーして展示されている。

これからも、中国政府の愛国主義教育の中に散りばめられた第二次大戦における同じ連合国としての「親米傾向」がうかがわれる。

中国共産党の愛国主義教育の意図について、今回の旅の同行者の一人、近代中国の政治、文化、経済に詳しい樋泉克夫教授（愛知大学）は、次のように話した。

「わずか数日の経験からの判断だが、共産党政府は国境を越えた南の地域とより緊密な一体化を進めることで滇西地方、つまり雲南省西部における経済開発を目指しているようだ。国境を越えた広い地域の一体化には『抗日戦争』を持ち出すのが得策という考えではなかろうか」

中国政府は、およそ一〇年前から積極的に雲南戦線の戦跡の整備、保存を行っている。同政府の雲南戦跡保存の意図の中には、愛国主義教育の進展に加え、中国雲南と東南アジア諸地域の一体化を図るための政治的、経済的思惑が多分に絡み合っているようだ。

そこは「辺境」ではなかった

七〇年年前の「ビルマルート」が再び脚光を浴びている。ビルマルートを歴史的、地政学的に再検討するには、雲南とビルマやインドの結び目として古きシルクロードの時代から交易の拠点であった騰越（現騰沖）が鍵となるだろう。この地方で採掘される翡翠の交易がさかんであった騰越では、現在も翡翠を売る商店が軒を連ねている。

私は、前に紹介した騰越唯一の戦跡、「旧英国領事館の石壁の弾痕跡」（八九ページ参照）を見て、戦跡とは異なる理由で大きな衝撃を受けた。英国は一九世紀からビルマルートを掌握するために騰越に進出し、一八九九年に英国領事館を建てた。雲南戦が勃発する四〇年以上も前である。

私はこれまで、拉孟と同時期に全滅した騰越についてはあまり注目してこなかった。地図を見て改めて驚く。英国がインドを拠点に中国に進出することを考えれば、やはり騰越である。樋泉教授によれば、雲南は言語的にタイ族との類似点が多く、国境とは関係なく、古来から人的な交流がさかんであったという。騰越は雲南の「辺境」ではなく、今も昔も中国とビルマ・インドの結び目であり「中心」であった。だからこそ、英国は騰越に領事館を建てた。その歴史的証拠がこの旧英国領事館の石壁のたくさんの弾痕跡なのである。

現在の中国政府は、東南アジア諸国と国境を越えた南の地域の一体化をよりいっそう進めるため、雲南西部を東南アジアと東アジアの経済発展及び軍事的な拠点として再び注目しつつある。複雑な文化圏で居住する雲南西部の少数民族社会をうまく掌握し、中国社会の一員に組み込むための一つの政策として、抗日戦争を共に戦った「中華民族」構想というレジェンドを創出しようとしているのではないだろうか。地図を眺めてみると雲南西部は中国の中央から見れば辺境に違いないが、外国との接触、交流に視点を移せば、窓であり玄関口なのである。

二〇一二年7月28日、龍陵戦に参戦した第二師団の戦友会に出席し、ビルマルートの雲南戦場についてお話をした。工兵第二連隊の中隊長であった水足浩雄さん（当時九〇歳）は、「我々は、龍陵の山上で精一杯戦ってきたが、当時の戦争をビルマルート全体のなかでどうだったのかなんて考えてみたこともなかった。日本軍よりもはるか昔から英国が雲南に目をつけていたなんて、我々じゃとても太刀打ちできない」と語った。実際に戦闘をしていた将兵にもわからない「戦争」がある。戦争を記録することは容易ではない。しかし、地道な資料分析を土台に、現地調査と聞き取りを重ね合わせることで史実の実像に近づけることを雲南戦跡の旅で学んだ。

III
拉孟《らもう》全滅戦とは何だったのか

1　拉孟陣地の構築まで

日本軍の占領体制

先遣隊として第五六師団歩兵第一四六連隊を基幹とする混成部隊（坂口支隊）が、ビルマ東北部のラシオを経て、中国雲南省との国境の町の畹町《わんちん》を越え、芒市《ぼうし》、龍陵、鎮安街を攻略し、一九四二年5月5日、ついに雲南西部のビルマルートの要所の拉孟まで侵攻した。坂口静夫歩兵団長率いるこの坂口支隊は、アジア太平洋戦争の開始とともに、フィリピンのダバオ、ボルネオ、ジャワの攻略戦に参加し、その後ビルマ戦線に投入された部隊である。

占領時、日本軍は武力による直接支配と同時に現地の有力者を懐柔し、地域ごとに「維持会」や「軍政班」などの傀儡組織を作って住民を間接的に支配した。

日本軍の武力による住民支配の事例として、伊香《いこう》俊哉教授（都留文科大学）の論文（「中国雲南省にみる日本軍の住民虐殺〈一九四二～一九四五〉」、田中利幸編『戦争犯罪の構造――日本軍はなぜ民間人を殺したか』〈大月書店、二〇〇七年所収〉、一五二頁）には、軍命令に従わない現地住民の虐殺事例が記されている。伊香教授によれば、「資料的性格から、事実関係を正確に把握することには難しさもあるが、管見の限りでは、日本側の資料がほとんどこれらの事例にふれていない状況では、中国側の資料に依拠する以外ない。また、以下の事例は、中国側で『事実』として歴史的に記憶されている状況をわれわれは考慮する必要がある」と述べている。この指摘を私たちは心に留めておかなければならないだろう。

伊香論文によると、一九四二年5月3日の芒市の事例では、日本軍は住民を市街地から立ち退くように命令、住民は三日間の期限内に慌てて退去したが、ある農民はいなくなった水牛を捜していて、誤って立ち入り禁止区域に進入し、日本軍に見つかり殺害された（前掲書、一五四頁）。

龍陵の事例では、5月4日に龍陵県内に入った日本軍は、老人や婦女子を問わず、見つけるなり銃で射撃した。避難していなかった住民一六〇人余が殺害された（同書、一五五頁）。さらに龍陵には、歩兵団司令部とともに各所に「慰安所」が設置された。占領体制下の「慰安所」の設営は一般の民家を接収して行った。中国側の資料によると、一九四二年から四四年の二年間、龍陵の老城区にある董《とう》家の家屋が「慰安所」として使われ、朝鮮人「慰安婦」一五名がいた。一九四四年10月頃、戦況の悪化により、11月1日に日本軍は観音寺で「慰安婦」らに毒を飲ませて殺害した。白塔村にある段春鴻の家は、一九四二年から強制的に「慰安所」にされたが、一九四四年11月に戦況の変化にともない「慰安所」は解散となった（中国人民政治協商会議雲南省龍陵県委員会編『松山作証』雲南美術出版社、二〇〇五年、二四〇―二四一頁）。

日本軍は傀儡組織である「維持会」を利用して間接的な住民支配を行った。この「維持会」の手引きで、ある村の六〇〇名の「華姑娘《ファクーニャン》」と呼ばれた中国人女性が「慰安所」へ〝供出〟された。村の村長は「維持会」に取り込まれていた。村落共同体の中で生きていくために、若い娘たちが、家族や村全体の犠牲になって、泣く泣く「慰安所」へ送り込まれるケースがたびたびあった（山田正行『アイデンティティと戦争』グリーンピース出版会、二〇〇七年、一二三頁）。

拉孟の最後の補充兵だった歩兵第一一三連隊の品野実は、一九四四年4月29日のラシオ攻略時の第五六師団の虐殺行為について次のように書いている。

「ビルマと中国の国境の街ラシオで、第五六師団先遣隊・捜索第五六連隊らに『見敵必殺』の命令が後方の誰からともなく逓伝《ていでん》されてきた。便衣兵（中国人の普段着に着替えた敵兵）もいて見分けはつかない。『中国人は皆殺しにしろ』というのだ。（中略）七〇人もの捕虜をジュズつなぎにして日本刀で斬ったり銃剣で突き刺したりした。子供連れの住民らしいのも混じっていた」（品野実『異域の鬼――拉孟全滅への道』谷沢書房、一九八一年、五四頁）

一方で、現地住民のうち全員が占領地から退去させられたわけではなかった。一部の住民は、馬方、召使、トーチカの修理、塹壕掘り、道路整備などの労働者として残された（前掲書『松山作証』、一九二頁）。彼らは、「維持会」を通じて徴集された。また、少数民族が多い雲南地域を支配するために、少数民族社会の封建的領主である「土司《どし》」との関係作りを重要視した。総合雑誌『中央公論』の編集部員だった黒田秀俊は、一九四三年に雲南戦線の取材中、芒市の軍司令部の計らいで、ある土司の別荘を訪問する機会を得た。黒田一行には、土司の日本人妻が日本語で応対し、「使用人や小作人を通じて日本軍に重慶側の情報を提供している」と力説した。しかし、その裏で土司は、使用人や小作人が重慶側のゲリラと通牒している事実を黙認していた。日本軍もまた土司の二枚舌を承知の上で、現地住民の支配に利用した。このように、土司は表面的には日本軍の「維持会」の運営に協力しながら、一方で国民政府や中国軍の指揮の下に遊撃隊を組織し、中国側の抗日態勢の形成に協力していた（黒田秀俊『軍政』学風書院、一九五二年、一六二―一六四頁）。

「怪しい人形師」の正体

陣地構築以前に日本軍は、松山（拉孟）付近で、現地住民を強制的に退去させていたようだ。中国資料によると、日本軍の細菌戦部隊が、何らかの細菌を松山付近の竹子坡村で散布し、その後

「鳥の巣病」と呼ばれる風土病が流行し、部落民が病死したという記録が残っている（趙平「竹子坡村遭日軍鼠疫病毒惨案実録」〈前掲書『松山作証』所収、一九九頁〉）。この資料には、竹子坡村で死亡した二六名の年齢、性別、氏名が記載されている。「鳥の巣病」の症状は、ハルビンのペスト菌による症状〈※〉と酷似していたので、後にペスト菌と断定された。

同じ趙平の「竹子坡村遭日軍鼠疫病毒惨案実録」には、次のようなことも記されている。

「一九四二年のある日、竹子坡村に日本軍が突然やって来て『怪しい行為』を行っていた。ある者は土地を測量すると言ってやって来て、村の山の上に簡単な旗を立てただけで実際に測量はしなかった。また別の者は、肩に大きな箱を担いで木製の人形劇をすると言ってやって来たが人形劇は催されなかった。彼らは何のためにやって来たのか、本当の目的はわからなかった」（趙平前掲論文、二〇〇頁）

同年5月頃から日本軍は竹子坡村周辺の松山に拉孟陣地を構築し始めるが、そこは以前に怪しい人形師らがやって来て旗を立てた場所であった（同書、二〇四頁）。

第五六師団第五六連隊野砲兵の関昇二中尉は、一九四二年5月から9月までの五カ月間駐留し、拉孟陣地に最初の観測所を造った。関さんは、当時を振り返って「拉孟の周辺には人気のない廃屋はあったが、住民の姿はなかった」と証言している（関の聞き取り・二〇〇九年4月5日）。拉孟の「関山陣地」は、当時中隊長であった関中尉の名から取った。拉孟守備隊が陣地構築を開始した頃、松山一帯に人気がなかった。つまり、陣地構築以前に日本軍は現地住民を排除するために、何らかの「怪しい行為」を行っていたと推測できる。

一方で、日本軍は撤退後に混乱を巻き起こすために細菌汚染の謀略を行うことがあった。伊香教授の前掲論文にも、次のような日本軍撤退時のペスト被害の事例が記されている。日本軍は撤退時、敵対的な村人にはペスト菌入りの黒い注射をし、維持会で働いている人間に一枚の証明書を与えた。日本軍は市がたつ日ごとに出入り口を閉鎖し、市に行く一人ひとりに黒い注射をし、証明書がある人間には白い注射をした。……黒い注射をされた者の九割はペストの伝染病で死亡した（伊香前掲書、一五六頁）。

さらに品野も、水源地、井戸などへの細菌を投入したほか、三〇〇〇名もの捕虜の釈放という「温情」の土産に細菌入り饅頭を与えたという事例を挙げている（品野前掲書、一九七頁）。

以上はいずれも信じられないようなすさまじい事例であるが、一九九五年1月、木下さんは、共同通信の依頼により、戦時中の雲南での日本軍の残虐行為の取材に心ならずも同行した時の思い出を次のように手記に書いている。

「現地住民は、やはり針小棒大な表現だった。例えば私も体験したが、芒市のペストの流行は日本軍七三一部隊がやったと言い張り、手術の痕を見せたりした」

「騰越では、……過去の残虐行為を謝罪しなければ取材に応じないと物凄い剣幕でまくしたてた

ので、取材をするために一応誤解の点を釈明した」（木下昌巳『玉砕』私家版、二〇〇二年9月7日、一六三―一六四頁）

木下さんは、この取材で現地住民のあまりに激しい日本軍への憎悪を目の当たりにして、困惑を隠しきれない様子だった。

日本軍は、一九四二年9月から四三年3月頃まで、拉孟の周辺部で残留する中国軍の兵に対して大規模な掃蕩作戦を展開した。この期間に拉孟陣地周辺の現地住民の多くが犠牲になった。一九四四年4月、木下昌巳少尉が拉孟陣地に赴任してきた時、細菌戦や掃討作戦について聞いたり見たりしたことがあるかと木下さんに聞いてみたが、「陣地の外側で日本軍による細菌兵器の使用や掃蕩作戦の噂を聞いたが、自分がこの目で見ていないので正確なことは言えない」という答えだった（木下の聞き取り・二〇〇九年2月13日）。確たる証拠はないが、火のないところに煙は立たないだろう。

〈※〉一九三九年、日本軍は、天皇の勅令によりハルビン郊外に巨大な生体実験場を建造し、中国人、ロシア人の男女約三千名が生体実験された。細菌兵器は、一九二五年の国際法（ジュネーブ議定書）で使用が禁止されたが、日独米英は批准しなかった（日本の批准は一九七〇年）。

2　拉孟陣地の構築
――一九四二年5月上旬～四四年5月上旬

拉孟守備隊長就任

一九四二年5月5日に拉孟を占領した第五六師団歩兵第一四六連隊坂口支隊に代わって、6月25日に歩兵第一一三連隊松井秀治大佐が拉孟の守備隊長になった。同連隊のうち、連隊本部と第二大隊が拉孟に、第一大隊が拉孟と龍陵の中間に位置する鎮安街に、第三大隊が工兵第五六連隊主力と共に龍陵を守備した。

松井隊長の指揮のもと、拉孟陣地の強化が行われた。通信線は地下に埋めた。新たに複廓陣地(※)を構築し、そのすべてを交通壕で連結し、周囲に鉄条網を張りめぐらせた。最大の難点が飲料水の確保であったが、岡崎正尚軍医大尉と吉田好雄准尉らの防疫給水部がその任務にあたった。彼らは高地の拉孟への給水に苦心を重ね、一九四三年秋頃に鹵獲《ろかく》したフォード自動車のエンジンを改造し、

松山戦闘の記念碑

動力による揚水ポンプを作り上げた。本道陣地と崖陣地との中間の谷間に良質の水源を確保し、四四年元旦から鉄管による簡易水道を完成させ、各陣地への配水管での給水に成功した（太田毅・第五六師団野砲兵第五六連隊第一中隊『拉孟——玉砕戦場の証言』昭和出版、一九八四年、四七頁）。

このような陣地構築の最中の一九四四年5月8日、松井守備隊長は紅木樹方面（拉孟北方三〇キロ）に中国軍の反攻の兆しを察知して、歩兵第一一三連隊から約七〇〇名余の兵力を抽出して拉孟陣地から出陣した。松井隊長は中国軍を討伐したらすぐに拉孟に帰還するつもりだった。それゆえ「軍旗」を拉孟に残して出陣した。軍旗は別名「連隊旗」とも呼ばれ、連隊の力と団結の徴であり、連隊旗のあるところに連隊本部があり連隊長がいる。歩兵は「軍隊の主兵」と呼ばれ、戦争の実行部隊はまさに歩兵であった。連隊旗は天皇から歩兵第一一三連隊に親授された。したがって連隊旗は天皇そのものであり、拉孟守兵の士気の源泉であった。

この紅木樹の戦闘には、拉孟守兵の生存者の早見正則上等兵も、松井部隊の第一機関銃中隊として参戦している。早見上等兵によると、紅木樹の八湾《パーワン》という部落に入ったところで、八湾の谷は松井部隊の負傷兵で溢れかえっていた。そこで早見上等兵の一個分隊は、負傷兵を護衛して拉孟に引き返すことになった。その後、拉孟陣地が中国軍に包囲され、早見上等兵の分隊は再び松井部隊の本隊に復帰できないまま、拉孟全滅戦に巻き込まれることになる（早見正則「拉孟玉砕の真相とわが脱出記」、森本謝『玉砕　ああ拉孟守備隊』〈青柳工業株式会社、一九八一年〉所収、九四頁）。

一方、松井部隊七〇〇名は何としても連隊旗のある拉孟陣地に戻ろうとしたが、中国軍に帰路を遮られ、各地を転戦、ついに拉孟へ戻ることはできなかった。後に松井大佐に代わり野砲兵第五六連隊第三大隊長金光恵次郎少佐が、歩兵第一一三連隊を主力とする拉孟守備隊長に就任した。

〈※〉陸地要塞の一般的な形態とは、前進陣地、本防御線、内部防護線、囲郭、複郭などの諸防御線から成る。囲郭は、敵の奇襲にたいし核心を防護し、複郭は、囲郭陥落後も最後の抵抗を行う陣地である。拉孟陣地においても主陣地の防御線として前進陣地や複郭陣地を構築した。

木下少尉、拉孟へ

一九四二年12月、木下昌巳さんは、陸軍士官学校を卒業した（第五六期）。翌四三年4月末、見習士官教育を経て、小隊長として騰越の第五六師団野砲兵第五六連隊の第一中隊に配属される。第一中隊とは、第一回怒江作戦（怒江を渡河する中国軍部隊を攻撃する作戦）に参加した部隊である。騰越も拉孟と同じく陸路の要所である。陸路からの物資補給の道を絶たれた連合軍が、インドから昆明に連日空輸（ハンプ空輸作戦）を行っていたが、連合軍は空輸の途中で必ず騰越を水平爆撃（※）した。そこが空爆の被害にさらされたのは日本軍守備隊が駐留していたからだ。そのこともあって、木下さんは「騰越の住民は日本軍に悪感情を持っていた」と語っている。

木下少尉は、四三年12月末に、騰越の第一中隊から北ビルマのクットカイにある第七中隊に転任した。騰越からクットカイまで二〇〇キロの道のりを、単身自動車を乗り継いで赴任した。第七中隊には、士官学校の一期先輩（第五五期）の沢内秀夫中隊長をはじめ、許斐惣助小隊長や宮下進准尉など顔見知りが多くいた。木下少尉は後に拉孟の第七中隊で沢内秀夫中隊長の下に配属される。全滅戦の時に中尉となった木下さんは、戦闘によって瀕死の状態となった沢内隊長をやむなく〝介錯〟をすることになる。沢内中隊長と木下少尉の因縁は深いが、それは後の話である。

クットカイの野砲兵第五六連隊本部は、第一大隊、第二大隊、第七中隊が駐屯していた。年が明けた四四年早々、第五六連隊長に就任したばかりの山﨑周一連隊長は、拉孟駐屯の第三大隊長の金光恵次郎少佐を拉孟から呼び寄せ、現地戦術の研究と他大隊との交流と親睦を図った。この時、木下少尉は初めて金光恵次郎少佐に会った。木下少尉の金光少佐の第一印象はあまり良くなかった。痩せ型で背が高い、田舎から出てきた親父さんといった風体だった。当時の金光大隊長の年齢は四八歳である（一八九六年生まれ）。一兵卒からたたき上げて少佐まで上り詰めた金鵄《きんし》勲章受賞者であり、長年の軍隊生活の苦労が顔に現われていて、実年齢より老けた印象だった。木下少尉は、四、五カ月後、今度は拉孟陣地で、拉孟守備隊の一員として金光少佐に再会することになる。

一九四四年3月から4月に、北ビルマのクットカイの連隊本部から、各中隊はそれぞれ、北ビルマのバーモ、クンロン、あるいは雲南の平戞（現平達）に配属になった。木下少尉の第七中隊は、第三大隊の駐屯地の拉孟に決まった。

出発前日、日本酒で出陣祝いをした。第三大隊の第八、第九中隊は、すでに四二年の中頃から拉孟に進出し、歩兵第一一三連隊長・松井秀治大佐の下で拉孟警備の任務についていた。今回、第七中隊が復帰することで、やっと一個大隊がまとまることになる。

北ビルマのクットカイを出発し、一日目にナンカンで露営、二日目にモンユの三叉路、三日目にビルマと中国の国境の畹町《わんちん》に入り、四日目に遮放、五日目に第五六師団司令部のある芒市に到着し、六日目に野砲兵第三大隊の第七中隊が守備している龍陵へ向かった。龍陵は四面を山で囲まれた盆地で、騰越と拉孟へ向う三叉路の中心であり、軍事上の要所であった。

龍陵を過ぎて公路を東北に約二〇キロ進むと鎮安街という小さな集落へ到着した。ここで木下少尉は久し振りにドラム缶風呂に入った。クットカイを出発して約一〇日が過ぎていた。拉孟まではあと数十キロだ。数日間、鎮安街の民家で待機した後、深夜出発して夜明け前に拉孟陣地へ到着することが命ぜられた。暗闇の中、拉孟へは山間の道を歩いて向かった。途中、木下少尉は初めて機銃掃射の洗礼を受けた。膝がガタガタ震えた。夜明け前の薄明かりの中、雲南地区の最前線、拉孟陣地にようやく到着し、木下少尉は拉孟守備隊長となっていた金光少佐に再会した。

この時、木下少尉は、自らが過酷な運命を背負うことになるとは夢にも思っていなかった。後に木下少尉は金光守備隊長の厳命を受け、全滅寸前の拉孟陣地を脱出して、龍陵の歩兵団司令部へ報告するという重責任務を課せられることになる。木下少尉が拉孟に赴任したのは四四年4月下旬で、全滅の約四カ月前だった。

〈※〉水平爆撃とは、航空機による爆撃において、高度を維持しつつ目標上空へ侵入し、爆弾を投下する爆撃方法である。

中国雲南遠征軍の編成

- **雲南遠征軍**（衛立煌将軍）
  - 第二〇集団軍
    - 第五三軍
      - 第一一六師
      - 第一三〇師
    - 第五四軍
      - 第三六師
      - 第一九八師
  - 第一一集団軍
    - 第七一軍
      - 第八七師
      - 第八八師
      - 新編第二八師
    - 第二軍
      - 第七六師
      - 第九師
      - 新編第三三師
    - 第六軍
      - 予備第二師
      - 新編第三九師
      - （第一一七団）
    - 第二〇〇師
  - 第八軍
    - 栄誉第一師
    - 第八二師
    - 第一〇三師
  - 砲兵指揮官
  - 工兵指揮官
  - 通信兵約三コ営

堅固な陣地造り

松井秀治連隊長率いる歩兵連隊の主力約七〇〇名が出陣したまま戻れなかったので、拉孟守備隊の兵力は約一三〇〇名に減少した。しかもその中には傷病人約三〇〇名が含まれ、実質的な戦闘兵力は九〇〇名にも満たなかった（木下前掲書、三六頁）。一方、第五六師団通信情報によると、包囲する中国軍の総兵力は、実に約四万一五〇〇名であった。その内訳は以下のとおりである（品野前掲書、二二一頁）。

《第一一集団軍第六軍》軍司令部とその直轄部隊が約四〇〇〇名、新編第三九師が約五〇〇〇名（途中龍陵へ転進）。

《第一一集団軍第七一軍》新編第二八師が

約六九〇〇名。

《中国軍直轄第八軍》軍司令部と直轄部隊が約七五〇〇名、栄誉（※）第一師が約五六〇〇名で、第八二師が約五六〇〇名、第一〇三師が約六九〇〇名。

日本側の兵力は圧倒的に劣勢だった。そのため金光守備隊長はさらなる陣地構築を命じた。しかし工事用の材料はすべて現地調達であった。セメントの代わりに鹵獲《ろかく》した鉄板や空のドラム缶に土を入れて代用した。塹壕の上を木材や石材で覆って敵弾を防ぐ掩蓋用の木材は、陣地付近の松林を伐採して松の丸太をそのまま利用した。劣悪な食事事情のなかでの陣地構築で、兵隊の味わった苦労は並大抵ではなかった。

金光守備隊長は、午前中に決まって当番兵一人を連れて、本部のある音部山陣地から西山陣地の急斜面を杖をつきながら横股陣地にやって来た。金光隊長は野菜不足から長年脚気を患っていた。金光隊長は掩体工事の進捗状況を確かめながら逐一注意を与えた。時に金光隊長は、座り込んで兵隊たちと故郷や家族のことを語り合い、時に一緒に弁当を食べ、「ご苦労、ご苦労」と労《ねぎら》いの言葉を残して帰って行った。木下少尉らは、「あの歳でこの山坂の登り降りはさぞきつかろう」と言いながら、杖をつきながら帰って行く金光隊長を見送った（木下前掲書、三二頁）。

〈※〉栄誉とは、中国大陸での対日戦傷痍軍人の回復者で編成した部隊への敬称。

編成と兵力

拉孟戦の戦闘開始時の守備隊編成及び各陣地の兵力は次のとおりである。

守備隊は、第五六師団歩兵第一一三連隊長松井秀治大佐の指揮の下、歩兵第一一三連隊主力、野砲兵第五六連隊第三大隊主力、輜重兵第五六連隊第一中隊一部、衛生隊第三中隊主力、防疫給水部一部、通信隊一部の諸隊で編成された。

【拉孟陣地略図】（一一ページ参照）のように鉢巻山の中国軍陣地に向かって日本軍の布陣は、前から上松林、裏山陣地、関山陣地、音部山陣地、西山陣地、松山陣地、横股陣地、本道陣地、崖陣地と並んでいる。怒江に面して約二キロ四方にこれらの陣地が造られている。関山、音部山、西山の名称は、砲兵の中隊長の名から取られた。上松林、本道、崖は、前進陣地で、裏山、関山、音部山、西山、松山、横股が主陣地で、音部山には守備隊の本部がある。

本道陣地（前進陣地）は一番高い所にある陣地で、滇緬公路の本道上にあるのでこの名が付いた。井上要次郎中尉歩兵以下兵力一〇〇名。この陣地は怒江対岸の中国軍陣地に向き合って、何の遮断もない剥き出しの陣地のため、本道陣地からは中国軍陣地のある鉢巻山（標高二〇〇〇メートル）

が一望できる。反面、鉢巻山の中国軍陣地から本道陣地は丸見えであり、防御陣地としてはいささか頼りない。しかし、野砲兵の木下中尉から見れば、本道陣地は火砲の掩体は周囲を直径三〇センチもある松の丸太と、土を詰めたドラム缶を組み合わせ、天井は鉄板の上に土を分厚く積み重ねた堅牢な出来であった（木下前掲書、一二三頁）。

もう一つの前進陣地である上松林陣地は、戦闘開始後は随時撤退して主陣地に収容される。松林が多いことからこの名が付いた。高橋九州男大尉以下兵力約六〇名。

裏山陣地（主陣地）は、只松茂大尉の歩兵機関銃中隊、野砲第八中隊、歩兵連隊砲及び田中省五郎少尉指揮の輜重隊など兵力約一五〇名。一九四二年末に裏山陣地付近に「慰安所」が設けられた。

関山陣地（主陣地）は、本道陣地に次いで高い陣地で、怒江対岸の中国軍陣地が一望できる最重要陣地。辻義夫大尉以下兵力約七〇名。

音部山陣地（守備隊本部）には、金光恵次郎大隊長がいる。音部山陣地は各陣地との指揮、連絡の中枢の役割を担い、深さ四メートルの地下壕を掘り、各方向に連絡壕を配備。眞鍋邦人大尉以下兵力約一六〇名。

西山陣地（主陣地）は、本道陣地に劣らぬ強固な火砲の掩体をもつ陣地であり、横股同様、砲兵だけの守備となる。一九四三年8月、金光大隊長が着任して以来、補強を命じ強固な陣地に変貌した。毛利昌弥大尉以下兵力約七〇名。

松山陣地（主陣地）は、拉孟陣地の最北端に位置し、比較的低く、滇緬公路のすぐ上にあり、北方警備にあたる。松尾良種中尉以下兵力六〇名。

横股陣地（主陣地）は、拉孟陣地の中でも滇緬公路外側の一番低いところに位置し、追い詰められた残存兵が最後に結集し全滅した陣地だ。東方の怒江対岸から見れば西山陣地の陰になり遮断されているが、西方の水無川対岸からは全くの無防備な陣地であった。兵力は沢内秀夫中尉以下約八〇名。一〇センチ榴弾砲二門配備。バラック作りの兵舎一棟、将校宿舎一棟、鉄条網一〇〇メートル一線、その内側に散兵壕と弾薬庫があった。以前、この陣地は歩兵だけが守備していたため、砲兵の陣地としては何ひとつ利用できるものがなかった。すべてを一から短期間で準備しなくてはならなかった。

一九四四年5月初め、木下少尉は第七中隊の横股陣地に配属された。野砲兵の木下少尉は、特に火砲（大砲）の掩体の説明を詳しく受けた。火砲の掩体とは、敵の砲弾から砲を守るための防御施設のことである。横股陣地では、直径三〇センチもある松の丸太と土を詰めたドラム缶を組み合わせ、天井は鉄板の上に土を分厚く積み、一五センチ榴弾砲の砲撃にも耐えられる強度とした。毎日、スコップとつるはしだけの土木作業を行い、火砲を入れる壕を掘った。中隊総出で周辺の松の伐採作業からとりかかったが、生木の松の丸太は一本五〇キロ以上もあり、連日全員クタクタになりながら作業に励んだ（木下前掲書、一二三―一二八頁）。

金光守備隊長は、長期間堅持できるように陣地構築を行ったが、二キロ四方の拉孟陣地の守備が精一杯であった。第一四八連隊が守備した北方の拠点の騰越《とうえつ》は、拉孟から八〇キロあり、南方へ三〇キロの平戛《へいかつ》は、第一四六連隊のわずか一大隊だけで守備した。日本軍は単に軍事的要点に守備隊を置くだけで手一杯であり、隙間だらけの防衛体制のなか、中国軍は容易に日本軍の守備範囲に侵入できた。当時の日本軍の実力では一個師団で防御できる範囲は大体四キロ四方であり、第五六師団の二万名足らずで、ラシオからクットカイ、芒市、龍陵、拉孟までの滇緬公路の二〇〇キロ四方の防御は最初から論外であった（木下前掲書、三四―三五頁）。

給水と食糧事情

拉孟は標高二〇〇〇メートルの山岳地帯にある。眼下には怒江が長蛇のように流れている。怒江に架かる恵通橋が重慶に向かう滇緬公路の唯一の繋ぎ目であった。中国軍は向かい側の鉢巻山に布陣し、怒江を挟んで拉孟陣地と対峙していた。拉孟の緯度は台湾とほぼ同じだが、高地であるため日本のように四季があり、冬は山頂に雪を戴き、春は桜が咲き、秋は稔りの季節を迎え、夏は6月から9月だが雨季と重なるのでさほど暑さを感じない。一方、怒江まで下ると、気候は一変して亜熱帯となり、サトウキビとバナナ、マラリア蚊とサソリの世界へと変わる。

山上の拉孟陣地の食糧事情は悪い。一九四三年から、拉孟の陣地では、食糧や燃料を自給自足する方針を立てた。陣地付近に畑を作り、味噌、豆腐も自家製造し、木炭も自ら焼いた。馬用の乾草も現地住民を教育して作らせ、陣地内に備蓄した。

早見上等兵は、拉孟ではタンポポみたいな草を、缶詰の缶を鍋代わりにして湯がいて粉末の醤油や岩塩を混ぜた「拉孟汁」にして食べたと語った（早見の聞き取り・二〇〇五年9月6日）。劣悪な食糧事情のなかでの陣地構築で、兵隊の味わった苦労は並大抵ではなかった。

旧防衛庁編纂の公刊戦史からも拉孟守兵の緊迫した食糧事情が戦闘記録の中から読み取れる。拉孟守備隊の兵站準備は、糧秣は一〇〇日分を目安にしたが、一九四四年7月下旬の砲撃で食糧倉庫が焼失し、7月には一日に白米三、四合（四五〇〜六〇〇グラム）だったが、8月には乾パンのみとなり、全滅間近の8月末には食糧は完全に枯渇した。弾薬も一〇〇日分の戦闘を目安に、一〇榴（一〇センチ榴弾砲）は一門につき五〇〇発を弾薬庫に貯蔵し、歩兵弾薬は、大弾薬庫四、小弾薬庫二三に分散して貯蔵したが、中国軍の砲撃で相当量が破裂焼失し、6月末には早くも弾薬が不足した（陸戦史研究普及会編『雲南正面の作戦――ビルマ北東部の血戦』〈原書房、一九七〇年〉一四〇頁）。

木下少尉が拉孟へ赴任した一九四四年5月頃はまだ白米が主食であったが、生野菜がないので水耕栽培で小豆《あずき》からもやしを栽培した。時に陣地下の農民の畑からジャガイモをせしめてきてうまい味噌汁を飲んだこともあった。ところが、7月には食糧が不足し、戦闘が進行すると配水管や貯水槽が爆破され、8月末には飲料水はなく雨水や泥水を飲んで戦闘するほかなかった（木下の聞き取り・二〇〇九年2月13日）。野菜不足によるビタミン欠乏が日常化し、守兵の大半が脚気を患っていた。

「慰安所」の設置

ところが、軍内での拉孟陣地の評判はすこぶる良かった。外部からの視察者は全員その強度に一驚した。視察者の一人、第三三軍の野口省己《せいき》参謀は、辺境の地でありながら防衛体制と共に生活基盤を整えた拉孟陣地を「山上の文化村」と絶賛した。さらに、野口参謀は「部隊長の粋なはからいで、陣外の片すみに慰安所も設置されて、潤いのある生活も与えられるようになった」と自著に書いている（野口省己『回想ビルマ作戦』〈光人社、一九九五年〉、一七二―一七三頁）。

早見上等兵も裏山陣地に「慰安所」があったことを覚えている（二〇〇五年9月6日）。通常、「慰安所」は後方に設置されるので、最前線の「慰安所」は稀である。拉孟で「慰安婦」とされた女性たちは、朝鮮人女性一五名、日本人女性五名の二〇名ほどであった（品野前掲書、一九四頁）。中国軍第八軍の捕虜となった朝鮮人「慰安婦」の朴永心《パクヨンシム》さんは、「全滅寸前の壕に兵士と慰安婦が合わせて二〇名いた」と証言している（西野瑠美子『戦場の「慰安婦」――拉孟全滅戦を生き延びた朴永心の軌跡』〈明石書店、二〇〇三年〉、一一一頁）。衛生兵だった鳥飼久一等兵は、「慰安婦」らとは定期健診などで接する機会があったため、「慰安所」について幾つかの情報を持っていた。鳥飼によると、「慰安所には男の抱え主が二人いて、慰安婦は二〇人くらい。日本人は熊本の遊郭から来た者もいたが、大半は年増でモヒ（モルヒネ中毒）患者もいて暴れ出すこともあった。朝鮮人は若くて綺麗な子ばかりだったが、そのうちの一人が子供を産んで龍陵に替わったから拉孟では死なずに済んだ」という（品野前掲書、三一四頁）。

もう一人の衛生兵の吉武伊三郎伍長の「慰安婦」についての証言もある。吉武伍長は、平時の拉孟で、高橋実軍医中尉や戸田寅彦軍医少尉に付いて性病検査の手伝いをしていたが、ほとんどの「慰安婦」らが淋病だったので、毎日よく注射をしてやったという。性病の薬も一応揃っており、梅毒の特効薬のサルバルサンもあった（品野前掲書、三一九頁）。

慰問団の来訪

また、拉孟の眺めは絶景と評判になり、記者や慰問団が平時の拉孟を訪れている。「慰安所」が設置されて間もない一九四二年末頃に、作家の水木洋子（※）が陸軍省嘱託で拉孟を訪れた。水木は一九四二年秋から四三年春に陸軍省嘱託として、南方に派遣され、前線のビルマを取材し、「前線のお正月」という題名で拉孟陣地の将兵の日常を記事にした。

一九四三年初頭に、日本放送協会の前線慰問団が拉孟を訪れた。歌手の奥村彩子の振袖姿に兵隊たちは奇声を発して怪我人が出るほどの興奮ぶりであった。作曲家の古関裕而もまた同協会派遣の慰問団の一人として拉孟の最前線を訪れている（太田前掲書『拉孟――玉砕戦場の証言』、四八―五三頁）。

ところが一方で、ちょうど慰問団がやって来て和らいだ雰囲気の平時の拉孟で、信じられないことが行われていた。捕虜の肉体を使った生体解剖である。「死刑にすべきスパイであって、麻酔をかけ死ぬまでに生体反応をみながらの解剖だから、肉体的には死刑執行と変わるものではない」というのが、当時の軍医やそれを許可した上級者の弁明であった。だが、実際は「捕虜には麻酔はもったいないから」と麻酔なしで執刀し、「どこを切ると、どんな反応を示すか」と切り刻み、胃袋を切ってもまだ生きているようであったという（品野前掲書、一八四頁）。

拉孟での生体解剖は一回きりではなかった。インパール作戦の最高責任者、牟田口中将は「勇敢な兵士に仕立てあげるには、早く精神異常にすることだ」と言っている（品野前掲書、一八一―一八四頁）。平時の拉孟でも「勇敢な兵士」を仕立てるためにこのように非人間的な方策がとられていたのだろうか。

〈※〉水木洋子（一九一〇―二〇〇三）。映画脚本家。水木のビルマ・雲南従軍記の詳細は、加藤馨「水木洋子の一生」連載第九回（『シナリオ』二〇〇八年9月号）を参照。

3　第一次攻防戦
——一九四四年5月10日頃〜6月下旬

後方補給路の遮断

守備隊は陣地の補修に全力をそそぎ、中国軍の攻撃に備えた。長期戦を想定して、砲撃は一日一門数発と制限した。とくに第七中隊は一門五〇〇発しか蓄えがなく、砲兵力としては心細い限りであった。

中国軍は怒江の対岸の鉢巻山から恵通橋までの間の道路の補修工事を開始した。道路上に放置されていた車両の残骸も取り除き、二年前に自ら爆破した恵通橋の架橋工事も開始した。第一一集団軍の新編第二八師を、第八軍の栄誉第一師と交代させ、軍司令官自ら渡河し、次の総攻撃に備えた。この頃、中国軍は恵通橋の架橋も終えたので、弾薬や兵器を鉢巻山の陣地まで自動車で輸送できるようになったのである。夜になるとトラックのエンジン音が西山陣地まで聞こえてきた。相手の潤沢な弾薬や兵器や食糧の裏付けがこのエンジン音からも推測できた。

雲南の雨季は5月頃から始まり10月頃までつづく。私が訪れたのはちょうど雨季に入った頃だったが、それでも雲南の雨は凄まじかった。ひどい時は雨音で隣の人との会話が聞き取れなかった。さらに一メートル先も見えない濃霧が前方を遮る。拉孟の全滅戦はまさにこの雨季の最中、雨と泥の戦いでもあった。中国軍はこの時機を逃さず反抗作戦を開始した。拉孟守兵を包囲し、兵糧攻めに加えて天からの豪雨で日本兵の体力を消耗させる狙いだった。

一九四四年6月1日正午過ぎ、中国軍の牽引車が鉢巻山の後ろに進入し、鉢巻山の頂上に集結した。鉢巻山の中国軍陣地と横股陣地は、怒江を挟んで同じ高さにあり、直線距離で八・五キロメートルほどしか離れていなかった。横股より高い所にある西山の中隊観測所から木下少尉の持つ砲隊鏡（弾着や敵状の観測に用いる角型《つのがた》の鏡筒をもつ大型の双眼鏡）を使うと、中国軍の布陣の様子がよく見えた。

6月2日午後、突如として鉢巻山の後方から放った中国軍の砲弾が西山陣地前方に落下した。拉孟守備隊の孤立無援の一〇〇日全滅戦の幕あけである。日本軍の砲兵も中国軍陣地に対して本道陣地の火砲二門で応戦したが、中国軍の砲兵は鉢巻山に隠れてよく見えず、保有弾数を有効に使うため一時、射撃命令が停止された。

6月3日には、鉢巻山後方の中国軍砲兵はその数を増加させ、重砲級数門と野砲級数門の合計十数門で拉孟陣地に砲弾を浴びせた。中国軍の砲数は最初から優勢であった。

前に述べたように、拉孟陣地は一年余りをかけて強化されていた。歩兵陣地前には数条の鉄条網を張りめぐらし、背丈ほどある散兵壕も構築した。砲兵陣地では、重砲弾にも堪え得る掩蓋を構築した。なかでも守備隊本部のある音部山陣地は、山の斜面を利用して、地下四メートルの壕が縦横に走っていた。しかし、最後に陣地に入った木下少尉の属する第七中隊の横股陣地は強固な陣地補強が間に合わなかった。火砲の掩体も完全ではなく、通信網も地上に這わせただけで、地下に埋設する余裕はなかった。そのため、早々と通信網が砲弾で遮断された。通信線の補修中に通信係の木村英人軍曹が砲弾を受けて即死した。拉孟守備隊の最初の犠牲者となった。日没、陣地横で荼毘《だび》に付し、即製の白木の箱に遺骨を納めて、中隊全体で弔った。これほど丁寧な葬儀はこれが最初で最後となった。

6月4日、中国軍砲兵は重砲、野砲（高射砲）を増強して、関山、音部山陣地に砲弾を撃ち込んだ。木下少尉の第七中隊にも、ようやく射撃命令が出た。横股陣地には二門あったが、まず一門を使って射撃した。中国軍の動きはさらに活発化した。

木下少尉の証言によると、6月5日、恵通橋周辺から怒江を渡河した第一一集団軍の第七一軍の新編第二八師の一部（約六千名）は、前進陣地の上松林陣地を直接攻撃した。さらにこの隊は、拉孟南部を迂回しながら後方の鎮安街から龍陵方面に侵入して本道陣地を背後から攻撃した。本道陣地は滇緬公路の本道上にあるため、その後方に中国軍が進出したことは、拉孟陣地と龍陵の歩兵団司令部の連絡路が遮断されたことを意味した。こうして龍陵と拉孟間の定期的な連絡車が途絶え、司令部との連絡は無線のみとなった。6月2日に戦闘が始まり、拉孟陣地はわずか数日で中国軍に完全に包囲されてしまった（木下の聞き取り・二〇〇九年2月13日）。

二〇〇二年に木下さんが訪中した際に、新編第二八師の作戦参謀であった陳宝文氏に面会する機会があった。その時陳氏は、木下さんに次のように証言した。「一九四四年6月3日に恵通橋付近を渡河し、ここから三日かけて滇緬公路に到達して、拉孟と龍陵間の通信線（有線）を切断した」。陳氏の証言から、6月5日か6日には通信線は遮断され、拉孟が孤立したことが裏付けられた。

旧防衛庁防衛研修所戦史室編纂の戦史叢書『イラワジ会戦』（朝雲新聞社、一九六九年）には、「守備隊は連日の爆撃、砲撃及び地上からする執拗な反復攻撃に耐え、来攻する敵をその都度撃退して大きな損害を与え、六月二〇日ごろには完全に敵の攻撃を破壊してその企図を挫折させた」（二七五頁）と記されているが、事実はこの正反対であった。実際には5月上旬から6月下旬の第一次戦闘において、物量豊富な中国軍の攻撃を前に日本軍は多数の弾薬を消費し、小銃弾、手榴弾《しゅりゅうだん》、食糧が欠乏し、負傷者も続出、死者は三〇〇名を超える痛手を被ったのである。

6月6日、第一一集団軍の第六軍の新編第三九師の一部が最北端の松山陣地を攻撃した。背後からの攻撃は拉孟陣地の弱点を露呈したが、守備隊は本道陣地の陣地前で中国軍（新編第二八師主力）を撃破した。本道陣地は、主陣地の中枢である音部山陣地（守備隊本部）とほぼ同じ高さであり、音部山と約二キロ離れた陣地だ。ここが中国軍の手に落ちると、主陣地は一気に直接攻撃を受けることになる。本道陣地は最も重要な前進陣地であった。

米式訓練と中国兵の変貌

6月14日、紅木樹、新成付近で渡河した新編第三九師の一一七団の一部（約五〇名）が南下し、背後の水無川方面から拉孟最北端の松山陣地と横股陣地への攻撃を開始した。

こうして中国軍は、新編第二八師が東側から上松林陣地、南側から本道陣地を、北側からは新編第三九師が松山、横股陣地を攻撃して、三方向より拉孟を包囲した。とくに本道陣地には怒江対岸の鉢巻山から十数門の重砲による猛攻撃が連日つづいた。

横股陣地の第七中隊の前にも初めて中国軍が現われ、木下少尉は初の防御戦闘を経験した。警戒任務中に宗勇夫上等兵が居眠りをしていたので、木下少尉は彼を殴りつけて気合を入れた。

6月15日早朝、中国軍が横股陣地に突入してきた。中国軍の連日の攻撃で守備隊では弾薬がいよいよ欠乏していた。銃弾の節約のため、木下少尉らは壕の中で銃剣による白兵戦を行った。中国兵が狭い壕内で自動小銃を連射した。このとき大野曹長が背後から躍りかかって軍刀を中国兵に突きたて射撃を阻止した。その時刀の柄を右手で、刃を左手で握って突いたため、左手の指四本がざっくりと切れた。大野曹長は傷口を手拭で縛りながら、「ワシもあわてとりましたけん」と豪快に笑った。

大野曹長の活躍で侵入してきた中国兵を撃退した。壕内に中国兵の死体が散乱した。自動小銃をもって突入した中国兵は、まだうら若い中隊長であった。そのポケットの中には、母親らしき人の手紙と暗号書が入っていた。

中国兵たちが所持していた武器は、新式の米国製自動小銃、チェコ式機関銃、中国製の柄付き手榴弾であった。兵器は米式装備であったが、被服は中国製の粗末なもので、草鞋《わらじ》履きで、なかには日本軍の携帯天幕を被《かぶ》り、日本軍の軍靴を履いている兵士もいた。食糧は「干飯《ほしい》（※1）」のようなものを携帯していた。しかし木下少尉の眼に映った中国兵は、勇敢で士気も高く、今までの弱兵の印象とは全く異なっていた（木下前掲書『玉砕』、四八―四九頁）。

当時、中国軍（蔣介石軍）の徴兵の仕方を「拉壮丁」と呼んだ。「拉」は拉致の拉で、「壮丁」は成年男子の意味だ。成年男子を拉致に近い強引な手段で徴兵した。雲南省に限らず、四川省、貴州省、湖南省の農民を強制的に連行した。徴兵後の兵士は、衣服や食糧も満足に与えられず、教育や訓練もほとんどないまま、銃の撃ち方を数回練習しただけで前線に出された。逃亡者は厳罰の対象であり、死刑に処された。兵士らは戦争する目的も意味もわからず、当然士気は低かった。当時の英国資料（National Archive 所蔵）にも、新兵を縄で拘束し、まるで犯罪者のように監禁する中国軍の徴兵方法と兵士の悲惨な様子が記されている（FO371/41639,17 April,1944,p.53）。

雲南地区に集められた当初の中国兵は、栄養失調と病気と疲労で戦闘できる状態ではなかった。彼らを精鋭部隊に変貌させるために、連合軍の中国軍指揮官、スティルウェル将軍はさまざまな改革を行ったが、一番効果があったのが、兵士に充分な「給与（食事）」を与えたことであった。スティルウェル将軍は、中国軍に米式装備と訓練を施し、中国軍三〇個師団（Y部隊）を編成し、雲南から北ビルマに進出させた。同時にインドに退却した中国軍（X部隊）もインドのラムガルーで米式装備と訓練を施し、北ビルマに進出させた。これは北ビルマ・雲南地区を舞台に日本軍を挟み撃ちにする「X―Y作戦」と呼ばれた。後に拉孟守備隊が全滅し、日本軍第五六師団が雲南地区から撤退した後、一九四五年1月28日に「Y部隊」と「X部隊」が北ビルマのモンユで合流し、ビルマルートが再開することになる。

一九四四年6月以降、拉孟守備隊が怒江を挟んで対峙した中国軍はこのY部隊である。一九四三年3月までに、ラムガルーのX部隊の訓練は完了したが、Y部隊の編成と訓練は思うように進まず、一九四四年4月にようやくY部隊の訓練施設が雲南省の昆明に設置された。

重慶の英国大使館からロンドンの外務省宛の一九四四年4月27日付の秘密文書に、飢えて衰弱した中国兵が、昆明の米式訓練所に入所して変貌する様が報告されている。

「雲南と同じように四川での徴兵の光景は、一九世紀の英国の『プレス・ギャング〈※2〉(press gang)』という嫌な思い出を彷彿させるが、一度入隊すると、新兵は食事を十分に与えられ、身体的状況も良好となる。中国の多くの若者には規律化の時代かもしれないが、これは国益につながる。中国の若者に正しい政治路線を教え込む良い機会だと考えられる」(FO371/41639,27April,1944,p.51.)

英国大使館付武官は雲南西部を二回視察し、米軍が昆明に設立した兵士訓練所が中国軍の精神性を大きく変えたことを評価した。

〈※1〉干飯とは、米を蒸して乾燥させた貯蔵用の食糧。湯水に浸せばすぐに食用となるため、兵糧や旅行の際に用いた。

〈※2〉「プレス・ギャング」とは、一九世紀、英国の兵士強制徴募隊のことであり、当時、浮浪者や失業者を拉致して英兵とした。

4　第二次攻防戦
——一九四四年7月4日〜7月19日

日本軍の第一次空中投下作戦

6月20日、第一次攻撃で新編第二八師は日本軍陣地を制圧できなかったため、中国軍衛立煌《ウェイリーファン》将軍は、新編第二八師と交代した第八軍の栄誉第一師を拉孟に急派させ、第二次総攻撃の準備を進めた。一方、わずか二〇日間の戦闘で日本軍は、早くも砲弾だけでなく歩兵の小銃弾や手榴弾も不足していた。二年かけて構築・補強した拉孟陣地も、最新式の米兵器で武装した中国軍の攻撃の前では鉄壁にはなりえなかった。

ビルマ方面軍下の第三三軍の軍司令官・本多政材《まさき》中将は、もはや地上からの拉孟守備隊への補給は不可能と判断し、武器弾薬等の空中投下の命令を出した。戦史叢書『インパール作戦』（朝雲新聞社、一九六八年）によると、第一回の日本軍機による空中投下は、飛行第二〇四戦隊の戦闘機六機で6月28日に初めて実施された（二七七頁）。空中投下地点が横股陣地に決まり、木下少尉の第七中隊がその受け取りの任務に就いた。守備隊内の士気が一気に上がった。木下少尉が日本軍機を見るのは、騰越北方の怒江作戦に参加中に、一度だけ戦闘機「隼」を見て以来のことだった。その後目にするのは、米製の大型機コンソリデーテッドB24か、ロッキードP38などの米軍機だけであった。だからこそ外地で「日の丸」の翼を見る感激は計りしれなかった。

6月28日、空中投下の連絡が入った。6月は雨季のため、天気が一番心配だったが、運良く晴天に恵まれた。対空布板（投下目標点）を裏山と横股両陣地に設置し、白布をT字形に広げ、飛行機の進入方向と投下位置を示した。待つこと数時間、正午近く、飛行第八三戦隊第二中隊による空中投下が行われた（木下前掲書『玉砕』、五四頁）。木下少尉は久し振りに見る日本軍機に目頭が熱くなった。同飛行隊は連合軍機と中国軍基地からの攻撃にさらされながらも、横股陣地のT字形をめがけて補給物資を投下した。落下傘が開かず激突するもの、中国軍陣地の方に流されるものなどあって、投下物の回収は想像以上に困難であった。敵前回収を敢行しても約半分しか回収できなかった。守備兵の中には、感激のあまり壕から飛び出し、夢中で腹巻や手ぬぐいを振って、連合軍機に射撃され戦死する者も出た（早見の聞き取り・二〇〇五年9月6日）。

本道陣地の戦闘

7月4日、攻撃準備が完了した第八軍の栄誉第一師は本道・関山・裏山の各陣地に一斉攻撃を再開した。鉢巻山後方から重砲や高射砲が火を噴き、歩兵部隊は怒江を渡って迫ってきた。ロッキードP38が飛来し、本道陣地、横股陣地を攻撃し、同時に裏山、関山陣地にも攻撃を開始した。戦史叢書『イラワジ会戦』には、「守兵の勇戦敢闘により七月一五日ごろになって中国軍の攻撃を挫折させた」（二七七頁）と短く記されているが、実際の戦闘の中身は、勝戦どころか苦戦に次ぐ苦戦であった。この頃、第一貯水槽が砲撃で破壊され、守兵は夜に水嚢を背負って水を汲む重労働が増えた（品野前掲書、二三三頁）。なかでも、本道陣地に対する集中砲火は激しく、一日で数千発の砲弾が撃ち込まれた。どこよりも堅固な本道陣地であったが、連日の砲弾の雨と文字通りの天からの豪雨で、掩蓋が崩壊し、兵士の損耗も著しかった。そのため、金光大隊長は各陣地から兵力を抽出して本道陣地へ投入した。上松林陣地から高橋大尉以下約三〇名、松山陣地から松尾中尉以下約三〇名、砲兵各中隊から約五〇名が抽出され、守備隊は本道陣地の確保に全力を挙げた。

早見上等兵の第一機関銃一個分隊も、毎日降りつづく雨の中、本道陣地の守備についた。早見上等兵は本道陣地での戦闘について次のように記している。「この本道陣地は、敵の砲列のある原口山とは目と鼻の距離にあり、原口山から撃ち落とす敵の一五榴砲弾は、本道の壕をえぐりとり、それはもの凄いものであった。砲弾が私のすぐ傍で炸裂した時、『天皇陛下バンザイ』と云う声が聞えた。見ると、それは第四中隊の松尾良種中尉殿〈福岡県〉鞍手郡出身）であった」（早見前掲手記「拉孟玉砕の真相とわが脱出記」、九八頁）。

早見上等兵の脳裏に今でも消えない恐怖体験がある。米国で開発された中国軍の新型兵器・火炎放射器の物凄さである。火炎放射器で多くの兵が犠牲になり、その凄惨さは筆舌につくすことはできないと語っている（早見前掲手記、九五頁）。それに比べて、日本軍は粗末な旧式の兵器と乏しい弾薬だけであり、空からは間断なく迫撃砲とロケット砲の砲弾の雨が降り注いでいた。

戦場の米軍将校たち

早見上等兵は本道陣地で、まだ一二、三歳の少年兵が攻めて来るのを見て驚いた。銃座の前まで来て泣きながらうろうろする者もおり、「来来《ライライ》」と呼ぶと近寄って来た。中国軍の背後には白いマントをたなびかせた米軍将校が、無理やりこのような子どもらを突撃させているように見えた（早見前掲手記、九八頁）。

米軍将校が受け持ったのは、連絡将校（後方、情報、連絡・通信関係）が主な任務で、中国側が「あなたたちの命は大事」と言って、米兵の前線での戦闘参加を許さなかった。これは中国軍上層部からの命令であった。早見は捕虜になると助かると思って近寄って来た少年兵から情報を聞き出した後、殺して崖下に投げ捨てた。守備隊には捕虜を養う余裕はなかった（早見の聞き取り・

二〇〇五年9月6日）。

木下少尉の横股陣地にもようやく射撃命令が出た。七月上旬ですでに横股陣地の一〇榴二門は数十発の弾丸しか残ってなかった。一発を残して撃ち尽くし、中国軍の機関銃、迫撃砲等を破壊した。一方、本道陣地の一〇榴砲は一門が破壊され、他の一門にも弾丸がもはやない。西山陣地の一〇榴砲三門も同じような状態であった。栄誉第一師が上松林陣地と裏山陣地を攻撃した。武器弾薬の欠乏のなか、やっとの思いで7月15日頃までに中国軍の総攻撃をくいとめたが、雨季による壕の崩壊と中国軍の猛攻撃に苦戦し、守備隊の消耗は激しく、死傷者は六〇〇名以上にのぼった。

第三三軍配属飛行班の誕生

一九四四年6月末、インパール作戦が無残な失敗に終わった頃、飛行第八三戦隊昭南派遣隊所属（隊長・綾部節夫少佐）の小林憲一中尉は、次の任務に備えて昭南島（現シンガポール）のカラン飛行場で訓練を行っていた。この部隊はボルネオ島のクチンに基地を置き、フィリピンのレイテ島決戦に出撃した部隊である。

6月30日、第三航空軍司令部内の参謀部から小林飛行班に「ある命令」が下った。

「飛行班長小林中尉は九九式軍偵察機を指揮し、ビルマ方面軍司令部に入るべし。小林中尉は人員器材を掌握し、なるべく速やかにビルマ方面軍司令部に到達すべし」

小林飛行班では、操縦山田朝光曹長と迎《むかい》直之曹長、整備甲斐伍長以下四名で構成されていた。

第三三軍配属飛行班（原隊　飛行第八三戦隊偵察）〈小林さんの覚書より抜粋〉

【人員】　飛行班長　中尉　小林憲一
　　操縦　曹長　山田朝光
　　　　　曹長　迎直之
　　整備　伍長　甲斐明
　　　　　上等兵　梅田保
　　　　　上等兵　池沢巧
　　　　　一等兵　立花義勝
　　　　　一等兵　中村勝己

【器材】　九九式軍偵察機二機、およびビルマ方面軍配属飛行班の応援より同型機一機（操縦は飛行第八三戦隊より派遣の四宮秀夫曹長）

【飛行基地】　北ビルマ　ナウンキオ飛行場

【関係部隊】　第八四飛行場大隊（飛行班と護衛飛行戦隊の燃料・弾薬の補給、整備および飛行場の整備、宿泊など兵站業務担当）

航空部隊から未知の隊への転属命令であった。小林中尉は、南方の地を最後の戦場と思っていただけに、陰鬱な雨季のビルマに引き返すかと思うと恨めしい気持ちがした。

翌7月1日、ボルネオ島のクチン飛行場から山田、迎両曹長の操縦する九九式軍偵察機二機が昭南島（シンガポール）のカラン飛行場に着陸した。この軍偵二機に小林飛行班八名全員は搭乗はできない。軍偵は二名乗りだからだ。そこで第三航空軍の輸送機・九七式重爆撃機（七名乗り）に、甲斐伍長以下四名が搭乗し、小林中尉と梅田上等兵がそれぞれ山田、迎両曹長の操縦する軍偵に分乗した。こうして総勢八名の小林飛行班がカラン飛行場に集結した。彼らのビルマでの任務の詳細はまだ何もわからなかった。

7月2日午前九時三〇分、小林飛行班は昭南島のカラン飛行場を離陸し、ビルマ・ラングーン（現ヤンゴン）郊外のミンガラドン飛行場に向かった。この時、日本鉱業（株）の派遣社員としてたまたま昭南島（現シンガポール）に来ていた小林中尉の弟が、カラン飛行場で手を振り見送ってくれた。雨雲の間からマレー半島のジャングルの濃紺の樹海が散見できた。

見習士官時代の小林憲一氏

ビルマは完全に雨季に入っていた。この国の象徴であるシュエダゴン・パゴダはすっかり雨雲の中に包まれていた。7月4日、ミンガラドン飛行場に到着した。

翌日、小林飛行班長は、操縦士の山田曹長、迎曹長を伴い、市内のラングーン大学跡に置かれたビルマ方面軍司令部の嘉悦《かえつ》博《ひろし》参謀に着任の申告をした。嘉悦参謀は、後に終戦直後のビルマで、第三三軍の黍野《きびの》弘《ひろむ》参謀と共に英軍との戦後処理交渉を担当した人である。さらにずっと後年になるが、二〇〇六年、私は、ロンドンの帝国戦争博物館で、嘉悦参謀が英軍の「ウィンゲート空挺部隊〈※〉」について英国軍司令部で尋問を受けた際の証言記録を見つけた。帰国後、私は黍野参謀の紹介で、嘉悦参謀と書簡のやり取りをして貴重な証言を入手することができた。

話を戻すと、小林飛行班長は、嘉悦参謀から、ビルマ方面の戦況と飛行班の任務の概要を告げられた。戦況は一刻の猶予をも許さない状況下にあった。

7月8日、小林中尉は直ちに軍偵察機二機を指揮し、ラングーンのミンガラドン飛行場を離陸して、前進基地ナウンキオ飛行場へ飛んだ。

翌9日、メイミョウの第三三軍司令部に到着した。メイミョウはビルマ中部のシャン高原にある避暑地として名高い。〝ビルマの軽井沢〟と呼ばれ、暑熱地獄から兵士たちを癒してくれた。

小林中尉は、再び山田曹長、迎曹長を伴い、第三三軍の作戦主任参謀の安倍光男少佐に到着の申告を済ませた。ビルマ方面軍（軍司令官河辺正三中将）の配下に、第三三軍司令部（軍司令官本多政材中将）がある。この時、最小戦力単位の飛行班に「第三三軍（昆《こん》）配属飛行班」（昆は第三三軍の通称号）の名称が与えられ、使用基地はメイミョウ近くのナウンキオ飛行場が告げられた。ほぼ時を同じくして、当時「作戦の神様」と喧伝《けんでん》されていた辻政信大佐が突如、中国戦線（支那総軍参謀）からビルマの第三三軍司令部に高級参謀として着任した。辻の着任は、インパール作戦の失敗を挽回しようとしたビルマ方面軍が第三三軍に寄せた期待の大きさの現れだったのかもしれない。次いで、小林中尉、山田、迎両曹長はメイミョウの第三三軍参謀部に赴き、辻大佐、安倍少佐、黍野少佐、田中中佐、野口少佐から拉孟守備隊への弾薬の空中補給に関する戦況説明と、作戦指導及び航空機の運用についての指示を受けた。

〈※〉オード・ウィンゲート（一九〇三―一九四四）は、第二次大戦期の英国軍人であり、近代的なゲリラ部隊の創始者の一人とされている。彼は、ビルマ戦線において、北ビルマのジャングル地帯にパラシュートの空挺部隊を強行降下させ、日本軍の後方連絡線を攪乱させたと言われている。

以下は、嘉悦博参謀の「ウィンゲート空挺部隊」についての見解である。

「実質的に甚大な被害を蒙ったとは思ってはいない。後方連絡線の妨害になったが、甚大な被害はなく、インパール作戦発動の時期も変更はなかった。但し、落下した部隊が時にゲリラ的行動を取り、或は残置諜者となって我が軍の情報が或る程度筒抜けになったことは事実である」（二〇〇六年3月16日付の書簡より）

第二次空中投下作戦命令

一九四四年7月15日、第三三軍の本多軍司令官は、拉孟守備隊への第二次空中投下作戦を第三三軍配属飛行班に発令した。それを受けた小林飛行班は7月15日から9月9日まで一〇回にわたり拉孟への空中投下と龍陵、拉孟、騰越周辺の偵察を実施した。第一回目の空中投下時（7月24日一四時）の空から見た横股陣地の様子を小林中尉の陣中日誌から引用しよう（小林憲一『戦陣紀行 壮烈！ 拉孟守備隊』二〇〇二年9月7日私家版、および小林憲一『第三三軍〈昆集団〉配属飛行班作戦行動間の陣中日誌』記述日不明の覚書を参照）。第一回の投下日に若干の誤差はあるが、ここでは小林さんの手記の記述に従った。

航空部隊飛行第二〇四戦隊の隼一〇機（戦隊長・相沢少佐）に護衛されながら小林飛行班の軍偵三機（うち一機はビルマ方面軍飛行班の四宮曹長がラングーンから飛来）は高黎貢山系に沿って流れる怒江をたどり、拉孟に向かって編隊飛行をつづけた。高度計の指針は三〇〇〇メートル。軍偵編隊三機が先陣をきり、戦闘機の編隊が軍偵三機を援護する隊形で左右と後方に高度差をとってしばらく編隊飛行をつづけた。やがて芒市《ぼうし》、龍陵市街が見えてきた。

「もうすぐ拉孟陣地です」と山田曹長の声が平常と変わりなく伝声管に流れた。この日の高黎貢山系は密雲に閉ざされ視界不良だった。そのため戦隊長が投下目標地点を誤認した。芒市北方の中国軍陣地内にT型布板（T字型に白い布を広げて投下目標にした）の設置があったため、誤って弾薬を投下したのである。同戦隊の五味中尉（五五期）編隊の三機のみが誤認投下に気づき、雲上に出て昆明方面から再度、山系の稜線をすれすれに飛行して拉孟陣地上空に到着した。

突然、小林中尉の乗った軍偵察機（操縦は山田曹長）の機体が、ガクンガクンと上下、左右に激しく揺れ出した。小林中尉は乱気流かと最初は思ったが、右翼から黒煙が立ち昇っていることに気づいた。敵陣地からの対空砲火であった。「編隊解散！」と命じる相沢戦隊長が機翼を大きく左右に振りながら中国陣地目がけて突っ込んだ。連合軍の飛行基地は保山、昆明にあった。保山基地から拉孟陣地までは飛行時間で二〇分足らず、拉孟陣地周辺の制空権は完全に連合軍側にあった。連合軍の保山、昆明の基地からは米極東空軍のロッキードP38双発・双胴戦闘機、ムスタングP51戦闘機が、レーダーで捉えた小林隊長らの飛行編隊に向かって一斉攻撃を開始した。小林飛行班の九九式軍偵察機の山田朝光曹長は、その時の対空砲火の凄まじさを次のように語った。

「私が飛んでいくとね、そりゃ下から対空砲火がすごいですよ。距離にしたら飛行機と地上との間が、そうですね三〇〇メートルくらいじゃないですか。狙い撃ちですよ、地上からすれば。そこへ気力で突っ込んでいってね、もう死ぬかもしれないことは重々承知の上、この上空で自分の体に当てて被弾して機上戦死するか、飛行機そのものが駄目になって、そのまま自爆するか、どっちかなんですよ、死ぬとすれば」（浅井曹長〈旧姓山田〉の証言、NHK「戦争証言」プロジェクト『証言記録「兵士たちの戦争」3』〈NHK出版、二〇〇九年〉所収、一三二頁）

猛烈な対空砲火を潜りぬけ、空中補給という至上命令を遂行しなければならない。小林飛行班の三機は拉孟陣地上空で進路を保ちつづけながら、空中投下の時を待った。「山田曹長、下のT型布板（横股陣地内）に必中するように高度を十分下げて投下を頼むぞ」と小林中尉は、伝声管を通して叫んだ。横股陣地内から半裸の兵士が飛び出してきた。皮膚は日焼けして赤土色である。T型布板を敷くため一心不乱に動いている。雨の中、泥にぬかってべたべたになりながら布板を取り付けている姿が見えた。さらに、三人、五人、一〇人と壕の中から兵士たちが飛び出してきた。大きく手を振り、棒きれを振り、その歓声が爆音をかき消すのではないかと思われた。山頂すれすれ、目測五〇メートル以下に降下し切ったところで、山田曹長が操縦桿を引き上げ、機体を上昇させた。その瞬間、手榴弾と小銃実砲、またわずかな食糧の入った二個の弾薬筒は音もなく機体を離れ、この戦場にそぐわないような大輪の白い花がゆっくり流れ落ちていくのが見えた。しかしその着地点を確認する余裕はない。超低空に降下した機体に米軍機の銃弾が火の雨のように降ってきた。この弾幕の中で一発も敵弾を受けなかったのは奇跡に近かった。

7月26日の二回目の投下任務の際に、小林中尉は予期せぬ光景を目の当たりにした。松山陣地に敷かれたT型布板に向かって急降下し、弾薬投下に成功した時である。壕から飛び出してきた赤土色の半裸の兵士が狂喜乱舞して喜んでいる姿が目に入った。と同時に、モンペ姿の数人の女性が白い布を打ち振る姿に驚き、目が釘付けになったのだ（小林の聞き取り・二〇〇五年5月21日）。この女性たちは拉孟陣地の「慰安婦」であり、モンペとは軍袴のことであろう。この頃になると彼女たちは、弾薬を運び、握り飯を作り、兵士と共に戦闘に参加させられていた。

　地上にいた早見上等兵も戦渦の「慰安婦」たちの献身的な行動に頭が下がる思いだったと語る。「あの弾丸の雨が降る中を掻《か》い潜《くぐ》り、飽麺包《ほうめんぽう》の空き缶にニギリめしを入れ、二人一組となって守備隊将兵の食事を運んでくれたのが朝鮮人〈慰安婦〉の女の人たちでした」（早見の聞き取り・二〇〇五年9月6日）

　小林中尉が空から眼下に「慰安婦」の姿を目撃した同じ日に、木下中尉は横股陣地から空中投下の悲劇を目撃した。第五〇戦隊の小安伍長が松山陣地上空での連合軍機と交戦中に被弾し自爆したのだった（木下前掲書『玉砕』、六四頁）。

　7月末に入ると、拉孟守備隊の兵士の姿が上空からは見当たらなくなり、拉孟周辺は寂として声もなくなった。木下中尉によると、8月には連合軍機の攻撃が一層激しくなり、守兵は日中に壕の中から姿を出すことが困難となったのである。深かった壕も崩落して、泥などの堆積土で浅くなり、頭を隠すのがやっととなった（木下の聞き取り・二〇〇九年2月13日）。

飛行隊による決死の「感状」投下

軍需物資の補給が遮断されたのは拉孟守備隊だけではない。騰越《とうえつ》守備隊も同様に全滅の窮地にあった。その拉孟、騰越守備隊のために飛行第六四戦隊に対し、物糧投下作戦の任務が与えられた。当時の戦隊長宮辺秀夫さんの手記に、武器弾薬や食糧以外に「感状」の投下が記されている。感状とは、軍司令官が戦功のあった人間や部隊に付与する賞状であり、当時の日本軍人には最高の誉れであった。しかし守備隊からは「感状など落としてもらわなくてもよい、それよりも、弾薬を、薬品を、食糧を」と打電してきた、と宮辺さんの手記にある（二〇〇八年9月27日、龍兵団会長横田忠夫さんより入手）。

この空中投下作戦で、北郷丈夫中隊長が飛行第六四戦隊第三中隊として数機を率いて連日のように出動した。北郷大尉は、一九四四年9月10日に隼一二機を指揮し、騰越守備隊に食糧や軍需物資及び感状を投下した。騰越はその四日後の9月14日に全滅するが、全滅直前の騰越守備隊の敢闘を讃える目的で、本多軍司令官からの最後の感状を投下したのが、この北郷中隊長であった。任務を果した北郷中隊長もまた連合軍機の砲弾を受け騰越東南方に墜落死した。ビルマ周辺にロッキードP38のような遠距離戦闘機が出現してからは、ビルマの制空権は完全に連合軍に掌握され、日本軍機は夜間攻撃が関の山となった。

「拉孟守兵は自決せよ！」

7月末に拉孟守備隊にも各軍司令官から相次いで感状の投下があった。公刊戦史には、7月27日に河辺ビルマ方面軍司令官から、7月28日に本多第三三軍司令官から、7月30日に寺内南方軍総司令官から、連日拉孟守備隊に感状が付与され、さらに参謀長から激励電報が打電されたとある。これらを受領した金光守備隊長は、7月30日、第五六師団長にあてて、ますます必死敢闘、陣地の確保を誓った宣誓の電報を送っている（戦史叢書『イラワジ会戦』、二七八―二七九頁）。

しかし、断末魔の戦場にあった守兵にとって、感状にはさしたる感動はなかったようだ。木下少尉は感状投下について当時の心境を、「軍上層部からの感状投下があったと聞いても、『ああ、そうか』という程度で、緊迫した戦況下では、それほど感動したという記憶はなかった」と語った（木下の聞き取り・二〇〇九年2月13日）。

感状の付与の第一の目的は、名誉を与え守備隊の士気を高揚させることであった。しかし一方で、当時の拉孟の窮状から「全滅もやむなし」と上層部が判断し、最後の健闘を讃える目的で感状の投下を決定したとも考えられる。これを裏付ける証拠として、前守備隊長の松井連隊長が7月20

日の時点で、拉孟に残した直属の部下、眞鍋大尉に、最悪の場合は軍旗を奉焼し、28日には一切の公文書、個人の日記、手紙、典範令に至るまで焼却するように、と打電命令している（『イラワジ会戦』、二七九頁）。軍旗は天皇から親授された最高の軍のシンボルであり「天皇」そのものであった。軍旗が拉孟にある限り、軍が拉孟守備隊を見捨てるはずがないと兵士たちは疑わなかった。過酷な一〇〇日の全滅戦を支えた精神的な拠り所は、軍旗に他ならなかった。その軍旗を奉焼せよとは、すなわち「玉砕（全滅）せよ」を意味したと考えられる。

しかしながら、木下少尉は「7月末の時点では軍上層部も自分たちも『玉砕』を認めていたというところまではいっていなかったと思う」と証言している（木下の聞き取り・二〇〇九年2月13日）。一兵卒の森本謝《ながし》上等兵（歩兵第一一三連隊第二大隊第四中隊）もまた「拉孟守備隊の生き残りの全将兵は、軍旗を守る責任感と、軍旗がある限り拉孟救援にかけつけてくれるに違いないと確信していた。この望みがあったからこそ、死闘につぐ死闘を重ね、陣地を守りつづけられたのである」と手記に記している（森本前掲書『玉砕　ああ拉孟守備隊』、四五頁）。拉孟守兵は最後まで救援を固く信じていたが、軍上層部は7月末に「全滅やむなし」と判断していた。その両者の胸中のすれ違いを「感状」と「軍旗」という日本軍独特の矜持の象徴が示しているように思われる。

7月29日、今度は中国軍側から投降を促すビラが撒かれた。文面は次のようなものであった。
「日本の皆さん、同じ東洋民族同士で戦いはしないでもよいではないか。もうこのへんで、戦いは止めましょう。そちらも相当な負傷者がいると思う。中国陸軍病院で充分な治療をするから一日も早く投降して来なさい」（早見前掲手記、一〇二頁）。

早見は後に中国軍の捕虜になった時、手厚い治療と看護を受けた。捕虜になった日本兵のほとんどが充分な治療を受け、無事に日本に送還された。日本軍の形骸化された「感状」よりも、中国軍の「伝単〈※〉」の方がよっぽど嘘偽りはなかった。

8月3日、拉孟の歩兵連隊の眞鍋大尉から松井連隊長に無線が入った。眞鍋大尉は、軍旗を腹に巻き付け、菊の紋章は地中深く埋め、旗棹は焼いた（『イラワジ会戦』、二七九頁）。

早見上等兵は、関山陣地にいたとき、そこで初めて「拉孟の将兵は自決せよ！」という命令が出たと証言している。しかし、この自決命令には兵士全員が反対した。自決命令の数日後に、二回目の空中投下があったと早見上等兵は記憶している。二回目の投下日（7月26日）の数日前となると、7月下旬の前半に少なくとも関山陣地の一部で自決命令が出されていたことになる。7月下旬から8月初めには、軍上層部と守備隊の幹部の間では「全滅やむなし」と決断され、「拉孟の始末」が思案されていたのである。

〈※〉伝単とは、戦時中、敵に対して反戦・厭戦思想を訴えたり、降伏を呼びかけたりする宣伝ビラのことである。通常、飛行機から散布された。

抽出部隊の投入

「全滅やむなし」という軍上層部の無責任な決断は、拉孟、騰越の両守備隊の全滅にとどまらなかった。第三三軍は「断作戦」と称して、ビルマルートの遮断と同時に拉孟、騰越の両守備隊の支援を作戦に含めていたが、実際はインパール作戦に多くの兵力を取られていたため、拉孟救援作戦に投入できる兵力は完全に不足していた。そこで、第三三軍の指揮下の、第二師団をはじめ、第五三師団、第四九師団の各部隊から成る抽出部隊が集められ、次々と全滅戦へ投入された。このような第五六師団主力以外の他師団の抽出部隊の戦闘は公刊戦史では黙殺され、拉孟戦のように「勇戦と玉砕」として戦史に記載されてはいない。師団主力重視の戦闘記録だけが「公刊戦史」として残される。抽出部隊「軽視」の風潮は日本軍の特質であり、彼らは師団主力の防波堤になり、陽動作戦に駆り出され、危険度の高い戦闘に率先して投入された(※)。

拉孟守備隊救出作戦の功名の陰で、こうした抽出部隊は多大な犠牲を強いられた。なかでも歩兵団司令部のある龍陵の攻防戦（龍陵会戦）はその最たる戦闘であった。

平田敏夫さんは龍陵の六の三山戦闘に、第五三師団の野中大隊の一兵卒として参戦した。満足な補給がない日本軍にとって唯一の戦法は無謀な先制攻撃と銃剣と手榴弾の夜襲が主な戦闘だった。

六の三山は一九四四年8月19日に陥落した。約八〇名の平田二等兵の部隊は壊滅状態で、平田二等兵は龍陵市街の野戦病院で部隊の陥落を聞いた。生存者は平田さんを含め二、三名であった。平田さんの龍陵の戦闘の実相は別のところに詳しく書いた（遠藤美幸「ビルマ戦線と龍陵の戦場――〈六山戦場〉における平田二等兵の証言記録」『戦争責任研究』第八一号、二〇一三年冬季号）。

〈※〉主力第五六師団以外の抽出部隊では、第五三師団（安兵団）歩兵第一一九連隊・野砲兵第五三連隊、第一八師団（菊兵団）歩兵第一一四連隊、第一五師団（祭兵団）歩兵第六七連隊、第二師団（勇兵団）歩兵第四連隊・歩兵第一六連隊・歩兵第二九連隊・捜索第二連隊・砲兵第二連隊・工兵第二連隊・輜重兵第二連隊、第四九師団（狼兵団）歩兵第一六八連隊などが龍陵戦に投入された。

意外な投下物

横股陣地にいた木下少尉は、「投下された梱包の回収は極めて困難であった」と証言した。小さな落下傘が開かずに土煙を上げて地面に激突したこともあった。落下傘が開いても陣地内が狭いので、ほとんどが陣地外の敵前で回収しなければならなかった。中国兵と奪い合う場面もあり、入手できたのは投下物の半分ぐらいだった。決死の覚悟で飛行隊が空から投下した投下物資を、地上の兵士たちは命懸けで回収した。梱包の中には飛行隊心づくしのキャラメルや小銃弾や手榴弾が入っていた。

ところが、その投下物資には、武器弾薬や食糧以外に予期せぬ物が含まれていた。二〇〇六年

2月、私は資料探しのため渡英した。その際、ロンドンの公文書館で英国の諜報関係の文書資料を入手した。当時の英国は、雲南地区について活発な諜報活動を実施していた。一九四三年12月から四四年12月まで、『昆明月間ニュース』として月に一度、昆明の英国領事館からロンドンの領事館に雲南の軍事情報を送信していたのである。そのレポートから、当時の拉孟守備隊を取り巻く雲南戦線の戦況を読み取ることができる。たとえば、重慶の英国大使館の軍事補佐官から大使館付武官へ送られた、一九四四年8月27日の日付の書簡の中に次のような記述がある。「孤立した日本軍の守備隊に空中投下した物資の中には、セルロイド人形のような玩具や紙製の扇子などが入っていた」(『昆明月間ニュース』八月号〈Kunming Monthly News Summary for August 一九四四年〉、一〇四頁)。

この不可解な内容について、英国の戦史研究者は「一般の日本兵を無邪気で子どもじみた世界へ取り込もうとする策略である」と分析している。意味がよくわからない記述だが、兵士に内地に残した妻子や恋人を思い出させて、戦闘意欲を鼓舞することが目的だったのだろうか。もしくは、孤立無援の地で過酷な状況に置かれた「慰安婦」の娘たちに渡すためのものだったのだろうか。

同様に、米軍の「慰安婦尋問記録」に、日本軍の飛行隊が投下した「慰問袋(comfort bag)」の中に、手紙や新聞雑誌や食糧品や日用品以外に「口紅、小さな人形、綿製の女性の衣服が入っていた」との記述がある(US Office of War Information. National Archives and Records Administration、Report No.49:Japanese Prisoners of War Interrogation on Prostitution.)。

「慰問袋」は、特定の兵隊を対象にしたものではない。前出の尋問記録で「慰安婦」らは、「口紅と綿製の洋服は女性に渡すものなので、なぜこのような品物を故郷の人たちが慰問袋に入れたのか理解できなかった」と証言している。誰が「女性の匂い」のするものをわざわざ入れたのだろうか。「慰問袋」は後方担当の軍人の管轄であり、彼らは「慰安所」とも関係が深い。こういうことが実際にあったとは考えにくいが、後方担当の将兵の計らいで、口紅や洋服や人形などが内地ではなく、戦地で追加されたのかもしれない。運よく投下が成功すれば、「慰安婦」らの手にも届いて、最終的に将兵の士気高揚につながると考えたのだろうか。武器弾薬や食糧と共に「意外な投下物」が含まれていたことで、日本軍が「慰安所」を重要視していた証拠となるかもしれない。だが一方で、実際に物資を投下した飛行隊の小林中尉も、拉孟陣地でそれを回収した木下中尉も、二人とも口を揃えて「口紅や化粧品のことは知らない」と証言している（小林の聞き取り・二〇〇四年7月27日／木下の聞き取り・二〇〇三年5月16日）。

騰越（現騰沖）南西にある和順村の滇緬抗戦博物館の一室に、日本兵の飯盒や鉄兜とともに「慰安婦」とされた女性たちの衣類や櫛などの装飾品が「戦利品」とばかりに多数展示されている。私は色褪せた日本製と覚しき浴衣や装飾品に、娘たちの深い悲しみが色濃く刻みつけられているようでその場に立ち竦んでしまった。

5　第三次攻防戦

――一九四四年7月20日～9月7日

本道陣地陥落

7月20日、中国軍の第三次攻撃は本道陣地への攻撃から始まった。第二次攻撃で中国軍も大きな損害を出し、後方に増援を要請し、特に損害の多い本道陣地正面の第八軍の第八二師に代わって第一〇三師主力が本道陣地を猛攻撃した（木下前掲書『玉砕』、五九頁）。幅約二〇〇メートル、長さ約五〇〇メートルほどの狭い本道陣地に対して、砲弾が終日七、八千発も撃ち込まれた。本道陣地は、拉孟陣地と後方の龍陵にある歩兵団司令部を結ぶ公路上にあり、拉孟陣地の中で最も高い所にある陣地であった。本道陣地を取られることは拉孟陣地の陥落が迫ることを意味した。

7月25日、本道陣地への攻撃は間断なくつづいた。陣地には一木一草もなくなり、一面赤茶けた〝焼畑〟と化した。付近の松林も無残に焼け爛れた。同日夕刻、ついに本道陣地の西側（龍陵側）

の半分が中国軍に取られたが、日本軍は夜襲で奪回した（木下前掲書、六一頁）。7月26日、再び集中砲撃後、火炎放射器で武装した中国兵と壕内で壮絶な白兵戦を行ったが、ついに力尽きて本道陣地西半分が奪われた。

小林飛行隊長が横股陣地上空に飛来し、眼下に赤土色の半裸の兵士の姿と白布を振る女性の姿を目撃したのがちょうどこの頃である。早見上等兵は陥落寸前の本道陣地から、本道後方の山崎台に後退した。早見上等兵は、「壕の中は膝まで泥でぬかるんでおって、敵の砲弾がすごくて頭を出すこともできんから、用便をするのも砲弾の薬莢《やっきょう》を空き缶にして壕の外に放り出す有様だった」と毎日降りつづく雨の中での壕暮らしの酷さを語った（早見の聞き取り・二〇〇五年9月6日）。

公刊戦史には、「七月下旬に、本道陣地の攻防戦以外に、横股、松山、関山、裏山の各陣地に対しても、次第に強圧され、兵力の大部分を本道に送ったこれらの陣地は、わずかの残存兵力で苦戦した」（『イラワジ会戦』、二七八頁）と短く記されているだけで各陣地の戦闘の詳細は述べていない。そこで裏山陣地の攻防戦の様子を森本謝《ながし》上等兵の手記から見てみよう。

裏山陣地には只松茂大尉が指揮する一五〇名の守備兵がいたが、裏山陣地が危ないとの知らせを受けて、森本上等兵の所属する安河内正幸少尉の予備隊は、裏山救援に駆けつけた。安河内予備隊は、陣地の壕内に安置した多数の戦死者を裏山陣地の窪地に集め、夜になって秘かに涙ながらに火葬した。7月下旬には裏山陣地ではまだ火葬ができたのである。しかし森本上等兵は、この頃戦死した戦友の氏名を覚えていない。明日をも知れぬわが身に、その余裕はなかったからである（森本前掲書『玉砕　ああ拉孟守備隊』、四四頁）。壕内は屍体と傷ついた多数の将兵で充満していた。食事も寝ることもできず、雨季の雨でずぶ濡れになりながら寒さと飢えとも戦わねばならなかった。戦況が全くわからないなか、次第に森本上等兵の心情も変化した。

「戦争というものは、人間の感情を麻痺、鈍化させ、死という恐怖心や人間性も、何もかもなくさせてしまうものである。……このように無感覚になった将兵には、笑いも怒ることもなかった。あるのは、食うことと寝ること、そして敵を刺し殺すことだけである。戦友が戦死しても、段々と何の感傷もなくなってゆく気がした」（森本前掲書、四九頁）

森本上等兵は、最初は泣きながらやっていた戦友の遺体を陣地の窪地に運ぶ作業も、ただ惰性でやるようになった。7月28日、全陣地の守兵は傷病兵を入れて約三百数十名であった。

第三次攻撃が始まり、本道陣地陥落前後から、五、六回にわたって降伏を促す日本語の伝単（ビラ）が低空飛行の輸送機からまかれた。輸送機の操縦席に米軍の女性兵士の姿もあった。ビラの内容は、「皆さんは十分戦った。これ以上犠牲を出すことはない。降伏したら優遇する」、また「一富士、二鷹、三茄子」など郷愁を誘い、戦闘意欲の喪失を促すようなものもあった（木下前掲書、六三頁）。このビラの作成には捕虜になった日本兵の手助けがあったと思われる。

連日の雨と砲爆撃によって陣地は壊滅し、給水設備も用をなさなかった。そのため泥水をすするので、守備兵はみなアメーバー赤痢やマラリヤに苦しめられた。また、野菜不足から脚気が続出し、歩行が困難となる者も大勢いた。守備隊の疲労困憊が極限状態にあったこの頃、参謀総長・梅津大将から拉孟陣地へ激励電が届いた。これを皮切りに、前に述べたように、7月27日にビルマ方面軍の河辺中将、28日に第三三軍司令官の本多中将、そして30日には南方軍総司令官の寺内元帥から相次いで感状が届いたが、もはや戦勢を挽回するだけの戦力は拉孟守備隊には残っていなかった。

本道陣地陥落寸前の8月1日、陸軍士官学校第五六期生は急きょ中尉昇進の命を受け、木下昌巳少尉も中尉に昇進した。昨年5月27日に少尉になったことを思えば、即成の中尉であった。

8月2日、中国兵は本道陣地西半分を壕伝いに火炎放射器で焼きはらった。武器弾薬がない拉孟守兵は、中国兵の手榴弾を投げ返しながら必死の攻防戦を繰り返した。投げ返しが遅れた小川元文伍長が自爆死した。中国兵も黄色い声を張り上げながら勇敢に突入して来た。若い中国兵の中には半べそをかいている者もいた。拉孟守兵五〇〇名余りの犠牲を払って本道陣地は陥落した。

挺身破壊班

横股陣地から、中国兵が本道陣地内に一列に並ぶのが見えた。木下中尉は、日本軍からの反撃はもはやないものと無視した敵の態度が口惜しかった。

金光守備隊長は、今後、増援部隊の来援の望みはないだろうと判断し、兵隊の志気を鼓舞するために砲兵の各部隊から挺身破壊班を募った。木下中尉の第七中隊からは、長谷川軍曹、亀川肇上等兵と木下中尉らの四名班、安武伍長らの四名班が選出された。第九中隊、大隊本部その他からも選出され、合計二九名の挺身破壊班七個班編成が結成された。

金光守備隊長から各攻撃目標の提示と時刻の説明を受ける。最後に隊長は「任務を達成しても必ず生還せよ！」と二九名に厳命した。木下中尉の第七中隊の攻撃目標は、崖陣地後方の山砲と、白壁部落の重迫撃砲の二箇所であった。本部から破甲爆雷（対戦車用の強力爆雷）を受領し、中隊にある手榴弾や拳銃をかき集めて携行した。

公刊戦史には、「便衣（中国服）を着た破壊班」と記されている（『イラワジ会戦』、二八〇頁）。この便衣は兵隊のお手製であった。軍隊にはあらゆる職業の人間がいたので、器用にも蚊帳の裾廻しの紺色の布を利用して八人分の中国服の上下と帽子と草履まで急造した（木下前掲書、七二頁）。

挺身破壊班は8月8日の夜半に陣地を出て、8月9日夜、七個班の挺身破壊班が中国軍陣地に進入した。二九名のうち二七名が帰還し、未帰還者は二名だった。目標はほぼ達成し一応の成果を挙げた。とくに兵士の士気の鼓舞という意味で精神的効果は大きかった。しかし、中国軍の攻撃はまったくゆるむことはなく、日増しに激しくなり、主陣地の関山陣地が次なる標的になった。

空中投下作戦の中止

8月17日、第六回目の空中投下である。この日が小林飛行班の最後の空中投下となった。飛行第五〇戦隊の戦闘機八機の援護が付いたが、連合軍の対空砲火が激しくなり、壕内からT型布板を敷く兵士の姿を目撃できなかった。操縦士の山田朝光曹長は、連合軍の攻撃があまりに激しく、眼下がまるで「火の絨毯ですわな」と証言した〈浅井曹長〈旧姓山田〉の証言〈前掲書『兵士たちの戦争』所収、一三二頁〉〉。

辻参謀発案の「断作戦」の発動を9月3日に控えていたため、拉孟陣地の三カ月間の死守は「断作戦」発動の絶対必要条件であった。それゆえ、小林飛行班による空中投下作戦は、拉孟陣地を死守するための重大任務であった。

小林隊長は、第二次空中投下作戦中に、直接辻参謀の口から「拉孟守備隊を救出してやる予備兵力はない。もう全滅するしかない」と聞かされていた（小林の聞き取り・二〇〇四年7月27日）。援軍部隊の救援を信じて疑わなかった拉孟守備兵の運命は、早くも7月中旬に辻参謀の腹で「全滅」と決まっていた。

9月に入ると小林飛行班は偵察飛行のみとなった。9月3日、戦闘機の護衛なく、軍偵察機二機で龍陵、騰越周辺を偵察した。騰越守備隊の陣地付近は砲撃で城壁が崩壊し、日本兵の姿はなかった。小林中尉は何もできない無力感を噛み締めながら城外の田園地帯を低空飛行した。騰越守備隊全滅はこの日からおよそ一〇日後である。

9月7日、小林中尉は拉孟守備隊全滅の悲報を聞いた。「友軍機の爆音に喜び勇んで壕を飛び出してきた半裸のあの兵士たちはもうこの世にはいない」と思うと胸が痛んだ（小林の聞き取り・二〇〇四年7月27日）。

第三三軍配属飛行班は、地上作戦協力が事実上不可能と判断され、一九四四年10月29日、第三三軍所属を解かれビルマ方面軍の指揮下に入った。この時、第三三軍司令官本多政材中将より小林飛行班に賞詞が授与された。賞詞の文面は辻政信高級参謀の筆によるものであった。辻参謀は小林中尉にその時次のように話したという。

「小林中尉、貴公（現役陸軍将校が用いた軍隊用語で、『君は』の意味）らは今生きておるから『賞詞』ということになったが、戦死しておれば陛下に上奏する『感状』にする予定だった。でも今回下された『賞詞』の文面は『感状』と同じ格調高い文となっており、これは俺が作成したんだ。ご苦労だった」（小林前掲書、三三一頁）。

脱出命令

8月中旬頃、音部山の守備隊本部から横股の木下昌巳中尉へ伝令がやってきた。「木下中尉、大隊長殿がお呼びですから、至急本部へ来てください。ご案内いたします」。

8月1日付で昇進したばかりの木下中尉は、何か次の新しい命令を受けるための呼び出しかと思って守備隊本部へ向かった。音部山陣地にある守備隊本部の壕の一番奥まったところに金光恵次郎大隊長がいた。薄暗い中に裸ろうそくが一本立っていた。二カ月ぶりの対面であったが、金光大隊長の風貌は、一段と眼が落ち窪み心労の跡が顔にも濃く現われていた。

「木下中尉、元気だったか」

「はい、元気であります」と直立して返答した。自らの倍ほどの年輪を重ねた大隊長の顔に、何か懐かしさを感じ、〈親父とはこんなものであろうか〉とふと思った。木下中尉は三歳の時に父親を亡くしている。父親の顔も味も知らなかった。

「今日、貴官を呼んだのはほかでもない。知ってのとおり本道陣地は占領されて、残るは主陣地だけだ。挺身班を派遣して戦果は挙げたものの、態勢の挽回にはほど遠いと思う。師団司令部から、

『断作戦』を発動し、まず拉孟を救出して、つづいて騰越を救出する計画だから、9月まで持久せよ、との命令を受けたが、本道陣地がおちた現在ではとてもそれまで持ちこたえられないと思う」

と、大隊長は言い、間をおいてつづけた。

「そこで貴官にやってもらいたいことがある」

そう言って、大隊長は言葉を切った。

中尉は〈一体どんな命令が出されるのか？　斬込隊でも編成せよというのか？〉と思い、次の言葉を待った。

「守備隊が最後を迎えたら、貴官は陣地を脱出して、龍陵の司令部へ戦況報告に行ってもらいたい」

思いもよらぬ命令だった。命令を、今一度頭の中で反芻したが、この命令だけは受けることができないと思った。死ぬとわかっている将兵を残して、自分だけ陣地を脱出することはできない。それに、自分は拉孟に来てまだ半年足らず、地理にも疎く、四方を中国軍に包囲されたなか、龍陵の司令部へ辿り着ける自信はない。

「大隊長の命令ではありますが、木下はお受けできません。最後まで守備隊将兵と行動をともにしたいと思います」

金光大隊長はじっと中尉を見つめていたが、しばらくして口を開いた。

「貴官の気持ちはよくわかる。だが、もう少しよく考えてもらいたい。ここで全員が死んでしまったら、長い間の守備隊の苦労が師団にわかってもらえないではないか。それに、戦死した将兵の遺族に対して、だれがこの状況を伝えるのか。……それから後世に対しても、子々孫々に至るまで、この拉孟の戦闘の模様は伝えねばならぬ義務があると思うが」

岡山弁でゆっくり諭すように言われ、木下中尉には返す言葉がない。大隊長はさらにつづけて言った。

「このことは、松井連隊長殿にも師団司令部にもすでに報告してあるので、貴官にぜひやってもらいたい。これは守備隊長の命令だ」

「………」

「もし内地に帰る機会があれば、戦死した将兵の遺族にも戦闘の模様を伝えてもらいたい。それから、脱出するときには一、二名、伝令を連れて行け」

もはや木下中尉は断ることができなかった。「はッ、承知しました」と答え、敬礼をして壕を出た（木下前掲書、七四―七八頁）。

関山陣地爆破

本道陣地陥落後、中国軍の次の標的は関山陣地である。関山を死守しているのは、歩兵第四中隊の辻義夫大尉だった。彼は中学校の国語の教師で、文学に造詣が深く、兵隊詩人と呼ばれ、絵画も嗜《たしな》んだ。辻大尉は、再三の防衛戦闘では実に勇敢に戦い、部下からの人望もきわめて厚い隊長であった。かつて水木洋子を接遇した将校が辻大尉である。関山陣地の辻大尉以下の抵抗があまりに激しく、中国軍もなかなか攻撃が進展しなかった。

そこで中国軍は地中に坑道を掘り、地下から関山陣地を爆破する計画に出た。米軍資料によると、8月11日から中国軍は坑道を掘り始め、日本軍のトーチカの下を約二二フィート（約六・七メートル）にわたって掘り進めた。8月20日の午前中に、中国軍は掘り進んだ坑道の奥にTNT火薬を二カ所に装填して関山を爆破したのだった。一カ所の火薬量は二五〇〇ポンド、もう一カ所は三〇〇〇ポンドであったという（US Army in WorldWar II The China-Burma-India Theater Stilwell's Command Problems Part.three)。

中国軍に対抗して、関山陣地の兵士らは中国軍と反対側から坑道を掘り始めたが、日本軍は兵力不足で作業が進まなかった。この爆破で、関山陣地の頂上付近には直径一〇メートル程の穴が二カ所開いた。壕も掩蓋も吹っ飛んでしまった。

森本謝《ながし》上等兵の安河内予備隊は、関山陣地の救援に出動したが、陣地に到着するや否や、中国兵と白兵戦になった。安河内予備隊の原隊は関山陣地の第四中隊であった。森本上等兵は、本来は辻中隊長の関山守備兵であった。関山陣地も、森本上等兵らが二年前に汗を流して構築した主陣地の一つであった。しかし今は、連日の連合軍の空爆と砲撃で原形をとどめぬ姿になっていた。昼間は中国軍に関山は奪取されたが、夜になると、関山守備兵と安河内予備隊は夜襲をかけて関山を奪回した。安河内予備隊はこうして死闘につぐ死闘がつづき、戦闘中は誰が指揮官かもわからないほどの混戦となった。森本上等兵も関山の戦闘中は辻中隊長の姿を見失い、「わが中隊でありながら、そこに誰がいて誰がいなかったのか、今になっても記憶が甦らない。余りに熾烈《しれつ》な戦いの連続であったがために思い出せないのである」と森本上等兵は記している（森本前掲書、四七頁）。

公刊戦史にもあるように、各陣地では中隊長の陣頭指揮で戦闘が展開したのではなかった。木下中尉自身も、「少なくとも一〇〇日全滅戦闘が始まってからは、白兵戦ばかりで混戦し、指揮官の命令で戦うことなどできなかった」（木下の聞き取り・二〇〇九年2月13日）と述べている。

関山で、早見上等兵は、中国軍が坑道を掘る不気味な音を聞いた。

「足元からチャンチャン音がするのよ。中国軍が下を掘って来るぞって逃げたんよ。関山は焼き尽くされてね。一六体の死体があって、腹をやられた戦友の便が出なくなるので、尻の穴に指を突っ込んで出してやったな。ハーッと言って気持良くなって死んでいった。まさに地獄だよ」（早見の聞き取り・二〇〇五年9月6日）

この当時、早見上等兵は、最後は守備隊長になる眞鍋大尉の伝令兵であった。最初の伝令の任務は、中国軍陣地に宣伝ビラを撒くことだった。ビラには大砲の絵が描かれ、撃つのは米兵で、砲弾が中国兵の姿である。このビラを二〇枚くらいずつ、石ころを中に入れてしばり、中国陣地に投げ込むのだ（早見前掲手記、一〇二頁）。それに対し連合軍のビラは空中から空軍機で大量に撒くから、散布できる量と範囲のケタが違った。早見上等兵は伝令兵としてあちこちの陣地を回っていたので戦闘の全体像を一兵隊ながらよく知っていた。予備隊として、関山はじめ各陣地の救援に駆り出された安河内小隊の森本上等兵も同様であった。

木下中尉の手記によると、8月20日の午前九時頃（公刊戦史では午前一一時）に、中国軍により坑道の奥にＴＮＴ火薬三〇〇〇キログラムを二カ所に装填《そうてん》して爆破されたとある。（木下前掲書、八六頁）。公刊戦史には「突如地下三カ所から大爆発が起こった」（前掲書『イラワジ会戦』、二八一頁）とあるが火薬の量は記されていない。先の米軍資料にも火薬は坑道の二カ所に装填したとある。木下さんの手記ではキログラム、米軍資料ではポンドと、火薬量の単位が違う。これは木下さんの記憶違いで、米軍資料のポンドが正しいのではないだろうか。

こうして爆破された関山陣地には黒煙が立ちこめ、火炎放射器を持った中国兵が関山陣地に突入してきた。22日払暁、関山は陥落した。

公刊戦史には、8月23日午後五時頃、金光守備隊長が関山陥落の状況を松山師団長に打電した「金光電五三一号」に「最悪の場合のため砲兵隊木下昌巳中尉を脱出報告せしめる」（前掲書『イラワジ会戦』、二八一頁）と書かれ、さらに、「同中尉は守備隊本部にありて戦闘に参加し戦況を熟知し唯一の無傷年少気鋭の将校なり」（太田前掲書『拉孟――玉砕戦場の証言』、一六五頁）と加えられている。

脱出後、龍陵にたどりついた木下中尉は、その歩兵団司令部でこの電文を読むことになる。金光守備隊長が木下昌巳中尉を脱出将校に選抜した理由はここに簡潔に記されているが、戦後になりさまざまな周囲の憶測が木下さんを苦しめることになる。木下中尉は、「守備隊長と私は、時期的に接触期間が短かったのに、特に私を選定された真意の程は不明であるが、信用していただいたことには感謝の気持ちでいっぱいである」（木下の聞き取り・二〇〇二年12月6日）と語っている。

音部山陣地陥落

関山陣地が陥落した後、8月23日頃になると守備隊内の弾薬や食糧はほとんど尽き、脚気、アメーバー赤痢患者が続出し、ほとんどの将兵が体力を消耗し歩行すら困難な状況となった。

木下中尉の手記には、8月28日に最後の食糧が分配されたと記されている。砲撃で破壊された糧秣倉庫の残骸からかき集めた食糧が生存者に配られた。わずかに乾麺包一袋、牛缶二缶が各人に配給され、飲料水は天幕に溜まった雨水や弾痕に溜まった泥水をすすった。わずかばかりの配給食糧を食いつないで戦えと言われても、空腹が我慢できなかった。木下中尉は配給食糧を二日で食べ尽し、後は一〇数粒の金平糖だけ手元に残した。この時は、死ぬまでにもう一度腹一杯飯を食べたいという思いだけであった（木下前掲書、八八頁）。

拉孟陣地の「玉砕」が刻一刻と迫っていた8月下旬、朴永心ら朝鮮人「慰安婦」たちについて早見上等兵は次のように語っている。「このとき、本当に頭の下がることがあってね。砲弾と雨のなかをくぐりぬけながら、あの女の人たちは握り飯を兵隊たちに運んでくれたんよ」（早見の聞き取り・二〇〇五年9月6日）

戦闘が激しくなってからは各隊から食事を炊事場に取りに行く兵隊がいなくなり、食事の運搬係を「慰安婦」が任されていた。時には銃弾を運ぶこともあったようだ。

8月29日、関山から攻撃してきた中国軍により、守備隊本部のある音部山も占領された。音部山が陥落した時点で、すでに西山陣地の運命も決まった。

8月30日、金光大隊長は次のような電文（金光電五四〇号）を師団司令部に発信した。

「三ヶ月余りの戦闘と二八日以来の敵の総攻撃により、守兵の健康者は死傷し、さらに長期の戦闘により歩兵、砲兵共に小隊長死傷し皆無となり、守備兵は不具者のみにて音部山の一角及び砲兵隊兵舎、西山、横股の線に縮小し死守、危険の状況なり。又弾丸欠乏し、白兵のみの戦闘なるも、突撃し得る健康者なきを以って、兵団の戦況之を許せば、挺身隊を編成し拉孟の確保依頼す」

金光大隊長が、発信電で救援を師団司令部に依頼したのは、これが最初で最後であった。

後に木下中尉は、「玉砕」間近の心境を次のように語っている。

「拉孟では一〇〇日の戦闘で二キロ四方の陣地が次々に占領され、守兵が三〇〇名、六〇〇名と戦死し、まさに『真綿で首を絞められる』という言葉を実感した。そのような中でも、指揮官としては弱音を絶対に吐けなかった。部下には師団が『断作戦』を発動して救援に来るからそれまで頑張れと言いつづけたが、九月になる頃には自分としても全くの空念仏だと実感した」（木下の聞き取り・二〇〇二年12月6日）

松山陣地奪回作戦

9月2日、最北端の松山陣地に中国軍が突入した。そのため、松山、西山陣地の下位にある横股陣地は、真上から攻撃を受けることになった。これでは、松山陣地から三〇〇メートルしか離れていない横股陣地の運命も決まったようなものだ。横股守兵はなんとしても松山陣地を奪回しなくてはならなかった。

9月3日（木下の手記では2日早朝）、西山陣地の守備にあたっていた、横股陣地の野砲兵第七中隊長沢内中尉から、同中隊の残存兵に対して「本日夕刻、日没と同時に松山陣地を逆襲する。指揮は野砲兵第九中隊毛利大尉がとり、第七中隊から二〇名ほど参加する」との命令を受けた。実際には小柳曹長、井上軍曹、中野兵長、亀川上等兵……と沢内中隊長以下、木下中尉も含めて一一、三名しか集められなかった。しかも小銃と軍刀だけしかない肉弾部隊である。沢内中隊長はもはや死を覚悟したのか、帽子に香水をふりかけ、その顔に悲壮感はなかった。辺りが夕闇に包まれた頃、即成部隊は横股陣地から松山陣地に向かって這い上がっていた。西山陣地からも毛利大尉が兵一四、五名を引き連れて出陣した。

「突っ込め！」という毛利大尉の合図で一斉に松山陣地に突入した。その瞬間、眼前に閃光がひらめき、ダダダダダとけたたましい機関銃の音がした。木下中尉は右肩に銃弾を浴び、人差し指が入るぐらいの窪みができたが右手は動いた。弾丸がかすっただけだ。また、眼前で手榴弾が爆裂し、唇に手榴弾の破片が食い込んだが、行動に支障はなかった。突撃の際に右手に軍刀、左手に拳銃をもち、中国兵を一名刺し殺した。混乱のなか、敵か味方がわからぬままに拳銃の引き金を引いた。死体に近寄ってみて中国兵と知りほっとした。奇襲攻撃が功を奏し、中国軍を松山陣地から撃退した。

翌朝、沢内中隊長の姿がどこにも見当たらない。昨夜突撃したところまで戻ってみると、中国兵の死体に混じって沢内中隊長がうつ伏せに倒れていた。まだ息はあるようだったが、意識はない。呼吸のたびに喉の奥でゴロゴロと痰が詰まったような音がして相当に苦しそうだ。呼んでも反応はなかった。中野兵長と相談して、虫の息の沢内中尉を木下中尉の銃で〝介錯〟した。中野兵長は中尉の遺髪をポケットにおさめたが、中野兵長自身も三日後に戦死した。沢内中隊長が戦死した後、木下中尉が野砲兵第七中隊の中隊長となった。

最後の時迫る

9月4日、木下中尉は最後の砦となった横股陣地の壕の中の様子を手記に書いている。

各陣地からの残存兵が集まっており、壕内は重傷患者で溢れていた。彼らは火砲の掩体内に身を横たえ、うめき声にまじって、「水をくれ」「手榴弾をくれ」と最後の声をしぼり出しながら喘いでいた。血の臭いと死臭が漂い、まさに地獄絵そのものであった。重傷の兵に混じり兵隊の服を着た女らしい姿が二、三人いる。二〇人いた「慰安婦」の生存者だろう。守備隊本部の松崎軍医は守備隊長から命を受けた自決用の昇汞《しょうこう》錠（塩化水銀）の包みをいつ皆に渡そうかと思い悩んでいた（木下前掲書『玉砕』、九六―九七頁）。

「拉孟の最後では片足でも動けるものは戦闘で果て、傷病で動けぬものは塩化水銀の服飲か手榴弾で自決した。陣地周囲の塹壕は、今では腰までの深さもないくらいに崩壊し、戦死者の死体もそのまま放置され、ゴムまりのように膨らんだ屍体の傷口には、蛆が真っ白くかたまって蠢いていた」（木下の聞き取り・二〇〇九年2月13日）

9月5日、西山陣地は包囲され、一時裏山、横股陣地とも連絡不能になり、拉孟陣地最後の時が迫る。金光大隊長は、守備隊最後の報告を打電し、師団司令部に決別を告げた。

【最後の金光電】

「通信の途絶を顧慮し予《あらかじ》め状況を申しあげたし

一、関山放棄後は音部山を第一線とし、音部山、西山間複廓陣地に拠り持久を企図、戦況上眞鍋大尉と図り最悪を顧慮し過剰兵器、被服、遺骨、書類等を夫々《それぞれ》焼却処理して兵団主力の拉孟進出予定迄持久を策するも、敵は第一線の攻撃に全力をあげ攻撃を緩むことなく連続強圧を加う

二、守備隊は百余名の兵力、実に涙なくしては記し得ざる血戦を継続せるも、八月二九日音部山を奪取され、陣地は南北に二分せられたり

三、陣地の骨幹とも言うべき音部山を占領せられ西山陣地に敵の強圧加わり、西山陣地も五日包囲せられ一時他の陣地との連絡不能となり、拉孟の危機迫りたる状況に立至りたるため暗号書、無線機を本電終了後処置す

軍旗は眞鍋大尉之を捧持して行動を共にし、守備隊長以下最後の奮戦を決意す

四、四囲の状況急迫し、屡次《るじ》の戦況報告の如く全員弾薬糧秣欠乏し如何とも致し難く最後の秋《とき》迫る、将兵一同死生を超越し命令を厳守敢行、全力を揮《ふる》ってよく勇戦し死守敢闘せるも、小官の指揮拙劣と無力のため御期待に添うまで死守し得ず誠に申し訳なし、慎みて聖寿の無窮、皇運の隆昌と兵団長閣下始め御一同の御武運長久を祈る」(前掲書『陸戦史集一六　雲南正面の作

戦』、一五三頁）

この後すぐに、金光大隊長は無線機を破壊した。公刊戦史によると、無線機焼却の翌日金光大隊長は壮絶な戦死を遂げ、連隊副官眞鍋大尉が代わって全般の指揮を執った（前掲書『イラワジ会戦』、二八二頁）。いよいよ最後の時を迎えるにあたって、軍旗の処置が指示された。実のところ軍旗の処置には諸説ある。6日の夜、横股陣地で木下中尉は、眞鍋大尉の口から守備隊長戦死の報とともに「軍旗は腹に巻いている。ご紋章は音部山と西山の間に埋めてきた」と聞いた（木下前掲書、一〇一頁）。一方、公刊戦史には、9月7日に、「眞鍋大尉が横股陣地の砲兵掩蓋の中で奉焼した」（前掲書『イラワジ会戦』、二八三頁）と書かれている。そして、眞鍋大尉の最期を目撃している早見上等兵は、後で述べるが軍旗は焼かれてはおらず、最後の斬り込みの際、眞鍋大尉が襷《たすき》掛けしていたのを見たと証言している（早見の聞き取り・二〇〇五年9月6日）。

軍参謀の証言

第三三軍の黍野《きびの》弘《ひろむ》後方参謀は、拉孟や騰越の両守備隊が全滅した時、「凄惨という思いより、ああ、次はこっちの番だな」という心境だったと証言した（黍野の聞き取り・二〇〇五年12月3日）。

みた。

黍野参謀は第三三軍で一番若い参謀（当時二七歳）であり、辻政信作戦参謀と共に断作戦を立案し遂行した一人である。主に補給などの後方部門を担当し、豪快な性格で武勇伝も多い。

ある時、黍野さんに思い切って「当時、『断作戦』は成功すると思っていましたか？」と聞いてみた。

黍野さんは笑みを浮かべながら「成功するなんて誰も思っていなかったよ。おそらく辻さんも内心は同じだったのではないか……」と答えた（黍野の聞き取り、右同日）。

辻参謀は、自著『十五対一』（酣灯社、一九五〇年）の中で、「十五対一の敵であるが負けるとは少しも考へない。中国軍相手ならいい勝負だと思った」（九七頁）と書いている。これが本心かどうかは疑問だが、負けるわけにいかない戦《いくさ》であったことは事実だろう。黍野さんは「あの時たとえ負け戦になろうとも、戦を止めることは一参謀にはできなかった。それは辻政信でも……」とも語った（黍野の聞き取り、右同日）。

黍野さんが言うように、戦争は起きてしまったら、参謀どころか軍司令官さえも止めることが難しいのだ。戦争という暴走車は一度走り出したら、ブレーキが効かず、決着がつくまでは止めることができない。「断作戦」を立案し指揮した辻や黍野ら軍上層部の参謀でさえも、無謀で勝算のない作戦であることを認識しつつも全滅を回避できなかった。その代償はあまりに大きかった。

私は黍野さんの「助手」を五年間やりつづけた甲斐があったと思った。元参謀のオーラが漂う黍野さんには、聞きたくてもなかなか聞けない質問だった。今となっては、軍参謀クラスの証言を直に聞くことはほとんど不可能であろう。それだけに貴重な証言であると信じる。

ここで少し横道にそれるが、戦後の黍野さんと辻政信参謀との関係について書いておきたい。黍野弘さんは、一九四八年8月に復員し、その後辻政信と密かに再会した。当時の辻は、GHQの戦犯調査団から最も追及すべき戦犯容疑者数十名の筆頭に挙げられていた（一九五〇年1月追及解除）。この密会で黍野さんは、辻政信から、右翼の運動家・児玉誉士夫と台湾政府の買い付けを代行する貿易会社をやらないかと強く勧められた。それを受けて、黍野さんは旧軍関係者を何人か誘って児玉と貿易会社を始めた。その傍らで黍野さんは、関東軍参謀・石原莞爾の「東亜連盟」時の旧友の軽井沢の別荘に潜伏していた辻政信の連絡係となったのである。辻が潜伏中に執筆した戦記『潜行三千里』（初版、一九五〇年）は当時大ベストセラーとなる。ちなみにこの『潜行三千里』という題名を考案したのは黍野さんで、辻もたいそう気に入っていたようだ。黍野さんは、バンコク―ハノイ―重慶

黍野弘少佐

―南京―上海―佐世保の辻の潜伏ルートの距離の総計が約一万二〇〇〇メートル（三千里）だから、この題名を思いついたと語った（黍野の聞き取り・二〇〇四年6月17日）。

ある日、黍野さんは辻の代理で、一九四八年末に巣鴨（刑務所）を出所した岸信介に出所祝い（二〇万円）を持って訪ねた。その時児玉も同行した。児玉は巣鴨で岸信介と一緒だったせいか、その時の岸の喜びようといったらなかったという。さらに鳩山一郎が自由民主党を結成した資金の出処は、戦時中「児玉機関」（一九四一年、上海に設立）で荒稼ぎした児玉誉士夫であったとも聞いた。これらの「大物」たちは、あの戦争を生き抜いてきた面々である。戦後の日本社会は、戦前・戦中の旧日本軍上層部の金と人脈が連綿と息づいていることを感じさせるエピソードである。

その後、黍野さんと辻政信の人生は全く異なる方向へと進む。理由は明らかにしてくれなかったが、一九五〇年春、ある事件で黍野さんと辻は仲違いをする。一九五二年から数年間、辻政信は衆参議院員を歴任して戦後の日本社会に華々しく復帰するも、六一年にラオスへ視察に出かけたまま行方不明となる。

一方、黍野さんは、一九五〇年末に貿易会社を早々に辞めて、五二年から肺結核の療養生活に入る。そして、六九年から本格的に、旧日本軍の金と人脈とはまったく関係のない「神ながら」の研究に没頭したのである（黍野弘『わが古事記への道』旺正社、一九九五年、四六―八八頁を参照）。

Ⅳ

拉孟《らもう》全滅戦を生き延びた人びと

一九四四年9月7日、拉孟守備隊は全滅した。ただし、戦闘は終わったが、拉孟戦の歴史がこれで完結したわけではない。陥落した日、拉孟陣地を脱出し、生き延びたごく少数の人たちがいた。脱出命令により陣地を7日払暁に脱出した木下昌巳中尉と伝令兵二名、捕虜となって連合軍に捕らわれた数名の兵士、そして拉孟の「慰安婦」たちである。当時の日本軍では「生きて虜囚の辱めを受けず」という「戦陣訓[※]」がまかり通っていたため、捕虜となって生き延びた兵士らは固く口を閉ざし、捕虜収容所でも偽名を使い、所属を明らかにしなかった者も多かった。以下は公刊戦史には全く記されていない拉孟全滅を生き延びた人たちによるオーラル・ヒストリー（口述史）である。

〈※〉一九四一年1月、日中全面戦争の長期化に伴い、士気の低下、軍紀の弛緩の対策として、東条英機陸軍大臣が全陸軍に通達した訓諭。特に本文中の「生きて虜囚の辱めを受けず、死して罪禍の汚名を残すことなかれ」が軍人の行動規範と強調されたことにより、多くの「玉砕」の悲劇を生んだ。

1　木下昌巳中尉の場合

「俺と一緒に死んでくれ」

9月6日早朝から西山、松山、横股の各陣地は迫撃砲の集中攻撃を受け、敵味方が入り混じる混戦状態となっていた。各陣地の残存兵が横股陣地に集結した。生存者は四、五〇名といったところであった。いよいよ最後の時が迫っていた。第七中隊長の木下中尉は夕刻、中隊の兵を一カ所に集めた。横股八〇名の兵力のうち残存兵は、木下中尉も含めて一富兵長、中野兵長、浜田伍長、松田上等兵、亀川上等兵ともう一人の七名だけだった。

負傷の状況を調べてみるとケガをしていないのは亀川上等兵ただ一人だ。亀川上等兵は、木下中尉が久留米の原隊に隊付きでいた頃、初年兵として入隊してきて共に訓練を受けた仲であった。先日の挺身破壊班や松山陣地奪回作戦など全ての作戦に参加し、無事帰還している。その後今日までかすり傷一つない不死身の兵隊であった。戦後、木下中尉は亀川上等兵が、亡父木下正雄の母方の家系の百武家の出身で、遠縁であったことを知った（木下さんから筆者への手紙・二〇〇三年5月25日付）。その亀川上等兵は木下中尉と共に伝令として脱出する。ふたりの因縁の深さに驚くばかりである。

中野兵長は召集兵で、故郷には妻子を残して来ている。「中野は木下中尉と一緒だったら、どこにでも付いて行きますけん」と言った。三〇歳になる兵隊が二三歳の中尉を信頼してくれたことが身にしみた。松田上等兵は、中隊でも一番若い色白の美男子の兵隊であった。

一人ひとりの顔を薄明かりの中で見回しながら、明日は必ずやってくる拉孟の最後の時を覚悟した。「長い間、みんなよくがんばってくれた。だが、明日は最後となるであろう。師団主力が一〇日までに救援に来てくれることになっているが、明日じゅうには到底間に合わない。明日は最後となるが、どうか日本のために、神州不滅〈※〉を信じ、俺と一緒に死んでくれ」。やっとの思いでこれだけ言って一同を見回した。まだ二三歳の木下中尉は、人生経験の豊富な年長の部下に、階級が上であるだけでこのようなことを言わなくてはならなかった。

〈※〉神州不滅とは、「神である天皇の治める国（神国）は不滅である」という意味で、国学や水戸学の尊皇論とともに広められ、とくに、昭和前期に戦争遂行のスローガンとして使われた。

横股の壕の中で

9月6日午後五時頃、拉孟守備隊長・金光恵次郎少佐は迫撃砲を大腿部と腹部に受け戦死した。木下中尉が兵隊を集めていた時と同時刻だった。守備隊長戦死の報告を眞鍋大尉から聞いた木下中尉は、8月中旬に「拉孟最後の時は報告のため脱出せよ」と命じた金光大隊長の言葉を思い出した。横股の壕の中で、木下中尉は陸軍士官学校の同期生で、歩兵第一一三連隊の黒川中尉に出会った。

そのとき横殴の壕に、一人の将校が瀕死の状態で入って来た。彼もまた木下中尉の同期生の加登住中尉であった。見ると軍刀を腰に差して右腕がない。彼の左手には自決用の手榴弾が握られている。加登住中尉は関山を守備していて爆撃を受けたのだ。「おい、加登住、しっかりしろ！」。激痛に堪え、呻き声を上げげまいと歯を食いしばっている加登住の姿を見ながら、「戦死した将兵のご遺族に状況を伝えよ」という金光大隊長の声が再び蘇った。しかし、先刻、部下に向かって俺と死んでくれと言ったばかりではないか！　木下中尉は心が決まらなかった。

決心がつきかねた木下中尉は、現在の守備隊長である眞鍋大尉に胸のうちを告白し、判断を委ねた。眞鍋大尉はしばらく考えていたが、「そうか、それではすぐに脱出して報告に行ってくれ。……それから、ここに歩兵連隊の部下の功績の資料があるから、松井連隊長殿に渡してもらいたい。これから連隊長殿に手紙を書くから、それも一緒に手渡してくれ」と言って通信紙に手紙を書き始めた。書き終わると、手紙と功績簿をくしゃくしゃになった油紙に包んで木下中尉に手渡した。

歩兵と野砲兵の確執

本来、拉孟守備隊は松井連隊長を守備隊長とする第一一三連隊の歩兵部隊である。松井大佐が討伐で拉孟陣地を離れて帰還できなくなったため、代替として野砲兵の連隊長の金光少佐が守備隊長となった。しかし、本来なら金光少佐ではなく歩兵でトップの眞鍋大尉が松井大佐の代わりに守備隊長になるべきだったと、早見上等兵をはじめ歩兵部隊の兵士たちは思っていたようだ。それというのも、実際の戦闘の主導権は歩兵が掌握していたので、歩兵の指揮官である眞鍋大尉が実質的な戦闘の指揮官だったからだ。拉孟では歩兵と野砲兵の確執は想像以上に根が深かったようだ。

眞鍋大尉の伝令兵だった早見上等兵は、同じ音部山陣地内にある拉孟守備隊本部の金光守備隊長の所へ幾度か連絡に行っている。金光守備隊長は初期は指揮に当たっていたが、戦闘が激しくなってからは、ほとんど音部山本部の壕深くにいてあまり外に出なかったので早見上等兵らの目には「隠居役みたいな仕事」に映ったようである（品野前掲書『異域の鬼』、二七五頁）。それに対して「眞鍋大尉は連日の猛攻に休む暇がなく気の毒なほどいたわしかった」（早見前掲手記「拉孟玉砕の真相とわが脱出記」、一〇二頁）と早見上等兵は手記に書いている。早見上等兵は私に、「本来は野砲兵の金光少佐ではなく、歩兵の眞鍋大尉が松井大佐の代わりに守備隊長になるべきだった。金光隊長が野砲兵の大隊長なので、脱出に野砲兵の将校を選抜した」（早見の聞き取り・二〇〇六年9月6日）と語った。早見上等兵は脱出将校に木下中尉が選抜されたことに不満をもっていたようである。

私が、木下さんに「歩兵の将兵にとって野砲兵の守備隊長は面白くなかったと思いますか？」と聞くと、木下さんはあっさり答えた。「ええ、面白くなかったと思います。歩兵は軍の主兵だと軍の教科書にも書いてありますし、軍歌でもそう歌われています。拉孟は歩兵が守ったんだと思うのは当然でしょう。砲兵は大砲を撃つ教育しかしていないので、我々もそう思っています」（木下の聞き取り・二〇〇九年2月13日）。

次いで私が、周りで囁かれている野砲兵の金光少佐と歩兵の眞鍋大尉の不仲説に対して木下さんに尋ねると、次のように返答した。「最後の日、私が『金光少佐から脱出命令を受けているがどうしたらよいか』と聞いた時、眞鍋大尉の対応は、金光少佐に不満をもっている様子は全く感じられなかった。もし不服なら私ではなく歩兵の部下、たとえば黒川中尉を脱出させたと思います。信頼していなかったら自分の部下の功績名簿や（松井連隊長宛）手紙を砲兵の私に渡さないでしょう」（木下の聞き取り・二〇〇九年2月13日）。

早見さんが木下さんを批判する別の理由は、陸軍士官学校出のエリート将校への不信感が背景にあった。早見さんは、「陸士出身の将校は大嫌いだ。将校には『非国民』のような奴がいっぱいいた。自分は後方の安全な場所で『慰安婦』を抱いて、兵隊には前線で死んでこいという。兵隊に撃ち殺された将校もけっこうおった」（早見の聞き取り・二〇〇九年9月6日）と語った。しかし、この証言は、早見さんが人から聞いた話であって、実際に彼が目撃したものではなかった。しかし一方で、将校嫌いの早見さんも眞鍋大尉は別格で、今でも「軍神」だと思っている。

眞鍋大尉が横股で木下中尉に託した松井大佐宛ての手紙が、松井連隊長の手記『波乱回顧』に収められている。「拉孟の将兵は軍旗を護り連隊長殿が帰られることを信じ最後の一兵まで血戦を続けます。小雀はチューチューと鳴いて親雀の帰りを待っております」。眞鍋大尉の絶筆を見て松井大佐は責任の重さを痛感し泣いたと記している（木下前掲書『玉砕』、一二八頁）。

後に、木下さんは「玉砕」の心境を振り返りながらこう語った。「『俺と一緒に死んでくれ』と言ったのは本音である。自分も死ななければ兵隊に死ぬことを納得させることは出来なかった。しかし、そのあと眞鍋大尉から『脱出せよ』という命令を受けてからは、与えられた命令を実行する責任が重くのしかかり、生死を考える余裕は無かった」（木下の聞き取り・二〇〇二年12月6日）

伝令兵の選出

時刻は深夜零時を回る頃、木下中尉は共に脱出する伝令兵二名を選出した。伝令兵を二名付けることも金光大隊長の命令であった。一人は最初から無傷の亀川肇上等兵と決めていた。もう一人を誰にすべきか思いあぐねていると、第八中隊の里美栄兵長が名乗りを挙げた。以前、鎮安街で宣撫班(※)にいたため、龍陵までの地理にも詳しく、中国語が話せるということで、もう一人は里美兵長に決まった。このとき、もう一人希望者が名乗りでた。第七中隊の三苫《みとま》曹長であった。彼は古参下士官として沢内中隊長の下で任務に当たっていた。伝令がもう一人増えてもと思うところだが、木下中尉は三苫曹長には残って指揮に当たるよう命令した。途中、中国軍との遭遇を考慮した際、伝令を一名増やすのは危険であった。

木下中尉は、伝令兵二名に次のように指示した。「眞鍋大尉から預かった報告書は木下が携行する。もし木下がやられたときは、誰でもいいから次の者が持って行け。司令部に到着したら自分の知っていることをありのまま報告せよ。途中で誰がやられてもそれに手をとられずに、報告することを第一の目標として行動せよ。次に脱出の経路だが、陣地を出て水無川を渡って対岸に着いたら、とにかく西北方に進む。約八〇キロで龍川江に必ず着くはずである。川沿いに下れば、騰越から龍陵に通ずる道路の渡河点があるので、そこから道路に沿って南下すれば龍陵に着くはずだ」。

〈※〉宣撫班＝日本軍はアジア太平洋戦争以前から占領政策のため、満州や中国などで活動する宣撫班を組織した。その役割は、日本軍の目的や方針を占領地の人民に知らせて人心を安定させ治安の維持に寄与すること。

脱出準備

木下中尉、亀川上等兵、里美兵長の三名は、8月10日の挺身破壊班が着用していた紺の中国服を軍服の上から着込み、中国帽をかぶって靴下の上から草鞋を履き、もう一足は予備に腰に吊るした。ポケットには手榴弾と拳銃を入れ、軍刀をもち、日の丸の国旗を腹に巻きつけた。上着の下には階級章を付けた半袖の防暑服を着ていた。よく見れば滑稽な服装でかなり怪しい風体である。三人は慌しく支度を整えた。

昨夜、第七中隊の生存兵と最後を共に誓い合った横股の壕の近くで、警戒中の中野兵長と出くわした。中野は異様な風体の三人組を見てギョッとした様子であった。木下中尉は命令を受けて龍陵の歩兵団司令部まで報告に行くことを伝えると、「気を付けて行ってください」と中野兵長はポツリと答えた。暗闇で中野兵長の表情もわからない。彼はどんな気持ちで三人を送り出したのか……。

9月7日午前三時頃、三人は横股陣地の壕を後にした。水無川に向かって急峻な斜面を下る。幸い中国兵に遭遇せずに、雨季で増水している水無川を渡った。夜が明け始めた。中国兵に見つからないように狭い道を登る。しかし、ついに上方にいた中国兵に見つかり、機関銃と小銃の一斉射撃を受けた。道から再び水無川斜面をすべり下り、木下中尉と亀川上等兵は同じ岩陰に難を逃れた。里美兵長は二〇メートルほど離れた岩に隠れた。

対岸から見た拉孟陣地の〝最期〟

一時間ほど岩陰で身を潜めていると、中国兵の声が聞こえなくなり、辺りが静かになった。今度は対岸の横股陣地の方から砲声が聞こえ始めた。三人が身を潜めている場所は、横股陣地と同じ位の高さにある峰の中腹であった。横股陣地から二、三〇〇〇メートルの距離だが、手に取るように戦況が見えた。午前中に、西山、横股に集中的に砲弾が撃ち込まれた。午後になっても攻撃はつづき、西山、松山陣地は陥落した。守備隊は退却し、一番低い一〇〇メートル四方の横股陣地に追い詰められた。もう退路はない。守兵は一丸となって最後の斬り込み突入を果たした。木下中尉は守兵の断末魔が目に浮かび、戦友の顔が次々と思い出された。

戦後、福岡の慰霊祭で木下中尉は、同じ中隊の上野正義上等兵から、横股陣地の最後の様子を聞いた。彼は9月3日、松山陣地を夜襲で奪回した後、同陣地に残してきた兵隊であった。「自分が九月七日夕、松山陣地が敵に占領され、横股陣地に降りてきた時、眞鍋大尉らは、ウワーと歓声をあげながら敵の中に斬り込んで行った。つづいて三苫曹長等も壕から飛び出して、『チャンコロ出て来い』と叫びながら敵中に斬り込んで行った」（木下前掲書、一一三頁）。

9月7日夕刻、中国軍の砲撃が止む。岩陰にいた木下中尉は腕時計を見た。午後6時を回っていた。こうして拉孟守備隊は力尽きて全滅した。

蔣介石の「逆感状」

9月9日、蔣介石が騰越の攻撃に苦戦している第二〇集団軍司令官に宛てた訓示を日本軍が傍受した。このなかで蔣介石は、「日本軍の松山守備隊（拉孟守備隊）やミートキーナ守備隊が孤軍奮闘最後の一兵に至るまで命を完うしある現状を範とすべし」と述べ、自軍の不甲斐なさを叱咤していた。日本軍では当時、これを「蔣介石の逆感状」と呼び、「九州久留米の龍兵団《たつ》」の強さの誇りにした。次いで蔣介石は、「騰越は9月18日の国辱記念日（満州事変勃発日）までに奪回すべし」と全軍に布告したという（木下前掲書、一三〇頁）。

報告任務の遂行

木下中尉らは陥落した陣地を見つめて無言で日没を待った。拉孟の最後を見届けた木下中尉ら三名にはまだ重大な任務が残っている。木下中尉は出発の命を下したが、近くの岩陰にひそんでいたはずの里美兵長の姿が見えない。地理に詳しく中国語のできる里美兵長がいないというのは大きな痛手だった。里美兵長はどこに行ったのか？　こんな若い将校と一緒では頼りないので単独行動を決意したのか？　伝単（宣伝のビラ）に惑わされて降伏したのか？　死体はなく戦死した様子もなかった。木下中尉は時間がないので捜索を諦め、亀川上等兵と二人で西北に向かって先を急いだ。

途中、木下中尉は腹痛と血便に苦しみ、ついにマラリア熱で倒れた。しばらく休息して9日の夜明けに出発。飲まず食わずの強行軍であり、身体の衰弱は激しかった。途中、中国人の民家に押し入り、食べ物を乞うた。家人がお粥を作ってくれて二人は無我夢中で食べた。民家を出てから、前方から中国兵二人が馬に荷を乗せてやって来るのが見えたが、襲撃はせずに身を潜めてやり過ごした。再び南西に向かって二人は歩きつづけた。

しばらく行くと、右側が龍川江の斜面で崖、左側は切り立った山で道路は幅二メートルしかない。前方からやって来る中国兵とすれ違うことになる。今度はもう逃げ道がない。この時、亀川上等兵が道端の馬糞を食う馬鹿者の真似をしておどけて中国兵の気をそらせた。亀川のとっさの気転で何とか難を逃れた。

にぎり飯の恩

龍陵の山の中をさ迷い歩いていた二人は、山中で勇《いさむ》兵団工兵の田中一義中尉に出会って握り飯をもらった。田中中尉は戦後、東京・杉並の善福寺の住職となる（二〇一二年没）。木下中尉は田中中尉の名前を覚えていた。田中中尉の手記の中にも、龍陵の山の中で、二人の日本人に弁当を分けてやったという次のような記載がある。「師団の命令受領を終えて、山麓の雑木林の中に入って昼食を食べようとしたとき、目の前に農民の服装に身をやつした日本人二人が、天秤棒に篭を吊るしてやって来た。騰越から敵の重囲を脱して来たと言う。たくさんの情報を持っているから報告したいと言う。真偽は判らないが司令部に行くよう言って、食べようとしていた弁当を出すと、彼らは二人で等分して嬉しそうに食べた」（第二師団勇会『栄光と悲劇』二〇〇一年5月14日、四五三頁）。

田中中尉は「騰越から来た二人」と書いているが、これは拉孟の誤りだろう。田中中尉は二人の名前は覚えていなかったが、彼が記した農民にやつした二人組とは、その時の状況と風体から木下中尉と亀川上等兵に間違いない。

前にちょっと触れたが（六三ページ参照）、私は二〇〇六年4月1日、杉並の善福寺で行われた勇兵団工兵の慰霊祭で、田中住職に会った。田中住職は、龍陵で出会った二人のことは覚えていたが、それが木下中尉だったことは戦後知ったと話していた。善福寺の境内には雲南・ビルマ戦で命を落とした全ての人々の御魂を慰霊する慰霊塔が建立されている。境内の桜の木々が満開の花を付けていた。六十数年前に、鎮魂のために田中住職が寺の敷地に植えた桜である。

歩兵団司令部に到着

9月10日、木下中尉と亀川上等兵は、歩兵団司令部のある龍陵付近で日本軍と中国軍の砲撃の音を耳にする。日本軍陣地が近いことを確認して小休止していたところ、パンパンと小銃弾が木下らの足元に飛んできた。中国服を着ていたので中国人に間違えられたのだ。亀川上等兵が腹に巻いていた日章旗を必死に振ったら射撃は止んだ。
龍陵の山中で、二人はにぎり飯や地下足袋をもらい、9月11日の夕暮れ近くに、無事に龍陵の第五六師団歩兵団司令部に辿り着いた。

到着後さっそく、木下中尉は第五六師団長松山祐三中将、歩兵第一一三連隊長松井秀治大佐、野砲兵第五六連隊長山﨑周一郎大佐らに、拉孟守備隊の戦闘報告を行った。すべての報告が済んだのは、陣地を脱出して5日目の9月12日の夕刻であった。その後、木下中尉は師団司令部参謀部勤務を命ぜられ、10月半ばまで龍陵の歩兵団司令部と拉孟守備隊の交信の電報記録を参考に拉孟の戦闘記録の整理にあたった。その中で木下中尉は、この時金光守備隊長が打電した「金光電」のすべてに目を通した。

この時の木下中尉の報告が、後の拉孟守備隊の全滅戦の戦史叢書『イラワジ会戦――ビルマ防衛の破綻』）の資料となった。

拉孟陣地脱出者は、木下中尉他二名や早見上等兵の一群及び「慰安婦」たち以外にも複数存在したと思われる。ただし、早見上等兵のように捕虜となった者以外で生き延びた将兵はごく少数だった。私ははじめは金光守備隊長の命令により脱出した木下昌巳中尉と亀川上等兵以外に拉孟から龍陵の歩兵団司令部に辿り着いた兵士はいないと思っていたが、実はさらに三名の守備兵が厳重な中国軍の包囲網を突破し司令部に辿り着いていたのだ。

二〇〇八年11月5日に、佐賀県の古湯《ふるゆ》温泉で雲南戦線の元将兵及び遺族の方々の親睦会があり、その席で私は衝撃的な証言を聞いた。木下中尉と伝令兵二名以外に、三名の兵士が木下中尉ら一行に付いて脱出していたというのだ。

「兵隊二名と下士官一名が拉孟を脱出して師団司令部まで辿り着いたが、兵隊二名はそのままお咎めなし。ただし、もうひとりの兵長は到着後すぐに芒市付近の弾薬庫の弾運びという使役労務をさせられ、頃合を見て殺されたらしい。理由は定かではないが『こいつは生かして帰してはいかん』との判断だったようだ。誰の判断で誰が殺したかは明らかではないが、おそらく連隊本部か大隊本部の上層部がやったのではないだろうか」

兵隊はともかく、下士官が命令もなく全滅戦から離れて脱出したとなると、それは「逃亡」とみなされたのだろう。こうした事例は当時の日本軍では想定内の出来事であった。

さらに温泉場の酒の席で次のような話も出た。

「木下は将校だったから師団司令部もその扱いに困ったでしょう。でもまだ若かったからね。罰を受けるなら受けるってもんでね」

確かに木下昌巳中尉は任官間もない二三歳の若い将校であった。金光守備隊長からの至上命令であっても、全滅必至の守備隊からの将校の脱出は、木下中尉当人はもちろんのこと、受け入れる側にも一種複雑な心境だったであろうことが状況から推測できる。

拉孟から龍陵までの距離は、約六〇キロメートルある。周辺は海抜二〇〇〇メートル以上の険路の山岳地帯であり、たやすく歩ける道などなかった。さらに数十倍の弾薬と兵力の米軍の兵器を装備した中国軍包囲網を突破して龍陵の歩兵団司令部に辿り着ける確率は如何ほどであっただろうか。衰弱しきった木下中尉らにとって、龍陵までの道のりは、限界を越えたものだったと考えられる。途中で死ななかったことが奇跡に近かった。木下中尉は金光守備隊長から下された脱出・報告任務を完遂した。

一九四四年9月12日、前述のように木下中尉はすべての報告を済ませた後、龍陵から今度は芒市の第五六師団司令部参謀部で10月末頃まで拉孟の戦闘経過の整理を命じられた。整理終了後、木下中尉は、さらに第三三軍の辻政信参謀から、11月初めラングーンのビルマ方面軍に天皇の侍従武官に戦況を報告するため出張を命じられた。その直後、マラリヤが再発し軍兵站病院に入院したが、一週間目で「自己退院（治癒しないで退院すること）」して雲南省遮放の野砲兵第五六連隊に復帰し、ビルマ撤退作戦に参戦して一九四六年6月に復員した。

2　早見正則上等兵の場合

二〇〇五年9月6日、私は初めて、朱弘《しゅこう》さんの柴又の自宅で早見正則さんに会った。彼の八三歳の誕生日の日であった。早見さんは拉孟守備隊の「玉砕」日の9月7日に合わせて福岡から上京し、翌日靖国神社を訪れる予定であった。早見さんはまるで六十数年前に戻ったかのように、全滅前夜から陣地脱出、昆明収容所での生活に至る体験を熱く克明に語った。

拉孟守備隊の全滅の前日

一九四四年9月6日、早見上等兵は二二歳の最悪の誕生日を迎えた。陥落した音部山陣地から早見上等兵は西山陣地に後退した。混戦状態の拉孟では敵味方が入り乱れていた。間違って中国軍の壕に入り、中国兵士三人に尻を突かれ無我夢中で逃げた。逃走中、黄燐弾が降ってきた。これが衣服に付くと蛍光が光って、標的になってしまう。手で払ったが広がるだけで上手く取れない。窒息しそうな燐の臭いに耐え、動悸が止まらなかった。

6日の朝六時、早見上等兵は西山陣地に着いた。西山の壕は負傷兵でいっぱいだった。正午頃、師団より最後の連絡が入った。無線機の焼却と重傷病兵の自決を促す内容であった。元気な兵隊が、重傷の兵隊に昇汞錠《しょうこう》（塩化水銀）を泥水で飲ませた。なかには昇汞錠を飲まずとも、手持ちの手榴弾で自決した兵士もいた。早見も昇汞錠を二錠もらったが、いつのまにか捨ててしまって、自決用の手榴弾一発だけを残した。西山陣地に下がった早見は、「蛸壺《たこつぼ》」と呼ばれる一人用の壕で、身動きがとれなくなった三人の負傷兵が手榴弾で自決するのを目撃した。この悲惨な光景は、終生忘れることができない出来事となった。動ける者は、最後の陣地となった横股陣地へ下がった。早見上等兵も、森兵長と二人で肩を組んで山を下り、最後の陣地となる横股へ向かった。

眞鍋大尉の最期

夜明けと同時に中国軍の砲撃が始まった。早見上等兵は横股陣地で一夜を明かし、9月7日の朝を迎えた。やはり早朝から集中砲撃が始まった。傾斜の激しい坂を松葉杖で逃げ下りた兵士もいたが、大方が途中で撃たれて死んだ。

前日の9月6日には、西山で金光守備隊長が戦死、指揮官は眞鍋大尉に代わっていた。眞鍋大尉の伝令を務めていた早見上等兵の証言によると、眞鍋大尉は興奮して気が狂ったように見えた。午後四時頃、眞鍋大尉が軍旗を襷《たすき》に掛け、軍刀を振りかざして松山陣地の中国軍に向かって唯一人で突っ込んで行ったのを早見上等兵は目撃した。これが眞鍋大尉の最期の姿であった。

二五名の脱出兵

一九四四年9月7日夕刻、いよいよ最後の時がきた。誰だかわらないが、将校が、「生き残りの兵隊は、水無川まで下りろ！　そして（龍陵の）本隊へ追及せよ！」と大声で叫んだのを早見上等兵は聞いた。その時同じ壕にいた数十名の兵士らが一斉に横股陣地を飛び出した。早見上等兵らは焼け残った野戦倉庫から乾パンや牛缶などの食糧を雑嚢《ざつのう》（布製のカバン）にいっぱいつめて、横股陣地から水無川に向かって谷を降りた。谷を降りる兵隊たちは、ある者は片足を失って松葉杖にすがり、ある者は両腕を失って達磨のようになり横股の絶壁を転げ落ちていった。中国軍の容赦ない襲撃で、多くの兵隊がバタバタと倒れた。

午後五時頃、水無川の川岸に辿り着いた脱出兵は早見上等兵も入れて総員二五名であった（早見前掲手記、一〇九―一一〇頁）。水無川は雨季で増水していたので、夜半の渡河は諦めて、天幕を張り夜を明かした。夜明けに水無川を渡ったが、流れが激しく途中で二名が流され、脱出兵は二三名になった。途中、洞穴に七、八人の負傷兵がいるのを見たが動けないでいた。持っていた食糧を渡し、「自分たちが龍陵の本隊にたどり着いたら後で救援に来る」と言って別れた。早見上等兵も脚気がひどく足が膨れ上がっていて、マラリア熱も出ていた。ふやけて麩《ふ》のようになった乾麺を食べながら、川の中を半日歩きつづけた。空腹だったので、一軒の民家を見つけて戸口をふさいだ後、中に押し入った。食べ物を乞うて、とうもろこしを焼いてもらいむしゃぶりついた。雲南のとうもろこしはとても甘くてうまかった。

中国軍輸送隊を襲撃

早見上等兵ら一行が民家を出て歩いていると、「武」のマークを胸に付けた中国軍の将校を先頭に、馬を一頭ずつ引いた六人の輸送隊に出会った。早見上等兵らは中国服を手に入れるため、この輸送隊を襲撃した。

近年になって、この時の早見上等兵らの輸送隊襲撃の証言を裏付ける現地資料が見つかった。現地住民の証言記録から、早見上等兵らが襲撃した六名の中国人の名前と襲撃事件の詳細が明らかになった。輸送隊六名の氏名は、陳応志、楊徳林、範汝群、範寿和、陳定斤、陳定華である。以下が中国資料による早見上等兵ら脱出兵一行に襲撃された六人の中国輸送隊についての記述である。

「日本兵らは、輸送隊の先頭を行く陳応志、楊徳林、範汝群に『何をしているのだ？』と尋問した。三人は『我々は農民で、新城街、邦遠街、鎮安街に塩を売りに行きます』と答えた。続けて日本兵はまた尋問した。『中国遠征軍への支援物資の塩ではないか？』楊徳林は、『いいえ、違います。我々は間違いなく農民で、農閑期のささやかな生活費稼ぎです』と答えた。輸送隊の六名が、すんなり通過できると思った途端、七、八名の日本軍の残兵は目配せをして、竹箐村の狭い窪地で六名を襲撃し、服を剥ぎ取った。その後、楊徳林、陳応志、範汝群の三人は日本刀で斬殺された。範寿和は崖の下に飛び降り、幸いケガがなかった。陳定斤、陳定華も飛び降りた。陳定斤はその瞬間肩と手をひどく切られた。陳定華は、日本兵に肩を叩き切られ、木の枝に吊るされた」（前掲書『松山作征』、二〇五頁）

さらに中国側の資料には、斬殺された三名のうち楊徳林と範汝群の家族のその後についても記述されている。

「楊徳林が殺された後、妻の陳福珍と四人の子どもが残された。当時一番上の子が一五歳、一番下の子が一歳だった。陳福珍は子どもを養育するために義弟を頼ったが、義弟の家も貧しかったので、五人増えて一〇人余りの家族となり、食べることも寝るところもどうもならずに困り果てた。陳福珍と義弟の妻の二人の女性の足は、纏足の布で包まれていて畑仕事ができなかった。弟一人の稼ぎで一〇人もの家族を食べさせなくてはならない。いつも粟や木の皮や草の根を食べて飢えを凌いだ。
範汝群が斬殺された後、前妻は病死し、後妻は家を出てしまったため、残された二人の娘は叔母の養女となったが、生活は長期に渡り貧困を極めた」（前掲書『松山作征』、二〇六―二〇七頁）

日本兵たちは六名の輸送隊を襲撃した後、輸送隊の梱包の中身を調べてみたが、塩は入っていなかった。中国の中山票《ちゅうざん》（中国紙幣。中山は孫文の号）の束や小銃弾、手榴弾、草鞋などが入っていた。中国銃の弾は役に立たないが、中山票や手榴弾や草鞋は雑嚢《ざつのう》に詰め込んだ。

さらに早見上等兵らが山道をしばらく行くと、再び三〇人ほどの中国軍の輸送隊に遭遇した。今度も中国兵の軍服を手に入れるために襲撃した。相手の人数は多いが前後にいる兵のみが小銃を持っていたので、断崖の細い道で輸送隊の前後を押さえたことで、相手は逃げ場を失った。早見上等兵はその時のことを思い出しながら話した。「服を剥いでみると、下着も着けていない若い中国娘ばかりでね。服はどれも小さくて合わず、半分ぐらいしか着ることができなかった。その娘たちを斬殺して馬もろとも谷に突き落とした。娘たちのキャーッという甲高い悲鳴が山にこだましてずっと耳に残っていた」（早見の聞き取り・二〇〇五年9月6日）。

これも中国側の資料によると、「二名の男兵以外の残りは皆女兵であり、しかも皆一八歳から二三歳未満の未婚女性で、彼女たちは辱めを受けた」（前掲書『松山作征』、二〇六頁）とある。小銃を携えた二名の男兵が輸送隊の前後で、女兵たちを護衛していたのだろう。

民家を襲撃

やがて辺りが暗くなってきた。風鈴村《ふうれいそん》という部落に着くと、犬が吠えながら追いかけて来たので、人目に付かぬように、脱出兵二三名を三人から五人の五班に分けて小人数で行動することにした。早見上等兵は五人組の班にいた。その後、五班のうちの一つの班には途中で出会えたが、他の班とは二度と会うことはなかった。

早見上等兵らは食糧調達のため再び民家を襲撃した。五人で入り口と裏口を塞いだ。この家は村長の家で、夫婦と娘の三人暮らしであった。その晩、早見上等兵ら五人は一階に泊めてもらい、一家は二階で寝た。新品の中国服をもらった。翌朝、父親が二階の屋根瓦を剥いで脱出し、数人と共に首から弾をぶら下げ、武器を持って戻って来るところを目撃した。早見上等兵らは急いで家を出てシダの藪に隠れ、それから必死に山を下って逃げたが、五人のうち三人は撃ち殺された。早見上等兵ともう一人は藪の中の川に半日身を浸して隠れた。ここから龍陵の本隊に行くには、中国軍の陣地を突破するしかない。

逃走中、中国軍の食事係に出会った。中国兵に「どこへ行く?」と聞かれた。中国服を着ているが、言葉を発したらバレてしまう。そこで指を口に当て前方を指しながら、「おし」の真似をして無事通過した。しばらくしてまたも中国兵に出会い、「おまえは誰だ」と聞かれた。同様に「おし」の真似をしながら藪に向かって一目散に二人で逃げたのだが、このとき早見上等兵はもう一人の脱出兵とはぐれてしまった。彼は鹿児島出身であったが、名前は覚えていない。

連合軍の捕虜に

ついに早見上等兵は一人になった。川を渡り、藪の中で寝た。夜が明けた。天気の良い日だった。前方は米軍と中国軍だらけである。爆撃の音がする。龍陵を攻撃しているのだ。竹藪の中で身を潜めていたが、藪蚊がひどくて長居ができなかった。藪を出るとき、警備兵に呼び止められた。「どこに行くのか」と聞かれたので、また「おし」の真似をして逃げた。

さらに龍陵に向かって歩いていると、米兵四名と中国兵六名に遭遇、ついに正体を見破られ、捕まった。この時早見上等兵は手榴弾を二個携帯していた。今回の相手は、アメリカ軍人と中国人将校だったので、最前線陣地に向かう「民間人」の怪しさを見逃さなかった。

早見上等兵が捕まったのは龍陵の東山陣地である。龍陵の本隊（歩兵団司令部）まであと一歩のところだった。ここから逆戻りして龍川江を下り、米中連合軍本部のあるラモウ街（松山拉孟とは違う）へ連行された。道中に日本兵の死体が散乱していた。中国兵に「おまえもこうなる」と指をさされながら言われた。連合軍本部の米軍テントの中にはベッドが四つあり、蚊帳が掛けられていた。ランプはすべてガス灯であった。

早見上等兵は、一九四四年9月7日に二五名の仲間と一緒に拉孟陣地を脱出し、9月22日に龍陵の東山陣地で捕虜となった。その後、早見上等兵は一緒に脱出した兵士の誰とも再会することはなかった。全滅の日、早見上等兵ら一行以外にも横股にあった各壕から数名ずつの兵隊が脱出したようだが、龍陵の本隊に辿り着けた者はごくわずかであったと思われる。

昆明捕虜収容所

早見上等兵は龍陵の東山陣地で捕虜になった後、保山の捕虜収容所に収容されたが、全身一二カ所の怪我とマラリア熱が悪化したので、楚雄の中国陸軍病院に入院した。彼は負傷した中国軍の将校と同じ部屋で隣のベッドになった。中国人将校は早見上等兵を大変可愛がった。早見上等兵は将校から二回も小遣いをもらって、一人で町に買物に行くことができた。

早見さんは当時のことを次のように話した。

「私は蒋介石から二回お使い銭をもらってね。アメリカの缶詰の缶を手に入れるのに一生懸命だった。ハイカラな缶に針金を付けて買い物籠にして、それをもって町まで買物に行きよった。ホルモンを買《こ》うてくるんだ。これがうまいんだよ。病院では中国軍の将校が数人おって、ある将校が私を気に入ってね、お金を渡されて、日本の歌を教えてくれと言われた。『忘れられない、あの面影よ……』（李香蘭が歌った「何日君再来」〈※〉）という歌を教えると、将校は日本語で覚えようとした。それからもようしてくれたな。将校の部屋にばっかりおったよ」（早見の聞き取り・二〇〇五年9月6日）

この病院では、月二回、蔣介石から小遣銭が支給され、入院中の外出も自由であった。

早見上等兵は、その上、同室の中国人将校からも小遣いを貰っていたことになる。この将校は、日本の陸軍士官学校を出ているエリート軍人であった。

早見上等兵は三週間ほど楚雄の陸軍病院に入院した。傷がほとんど完治したので、保山の捕虜収容所に戻された。ここでも歩哨が二名いたが、外出は自由だった。保山に一カ月ほどいて、次は昆明収容所へ移された。

〈※〉李香蘭（山口淑子）（一九二〇～二〇一四）は、一九二〇年に撫順で生まれ、李香蘭の名で戦前の中国、「満州国」、日本と戦後の香港で映画や歌の世界でスターとして活躍した。戦後の日本では、山口淑子（旧姓・芸名）の名で、女優、ジャーナリスト、参議院議員として活躍。「何日君再来」は、李香蘭が戦前、中国や日本などで歌った歌で、「きみいつ帰る」という意味。

日本人捕虜名簿

アメリカの国立公文書館に「連合国捕虜尋問報告書」という軍事資料がある。これは雲南省の「昆明収容所における朝鮮人及び日本人捕虜　一九四五年４月28日」について書かれた覚書で(Korean and Japanese Prisoners of War in Kunming, 28 April,1945. RG 226 Records of the office of Strategic Services, National Archives in USA.)、その中から「日本人捕虜名簿」が見つかった。この名簿に「HAYAMI　Masanori」の名前があった。名簿の項目には、軍隊での所属と階級氏名、捕捉場所と日時、教育レベルが記載されており、早見正則上等兵については「歩兵第一一三連隊、上等兵、松山で一九四四年九月二二日捕捉、高等小学校卒」とある。「松山」とは拉孟陣地のことである。

昆明収容所には、朝鮮人二五名（女性二三名、男性二名）、日本人八一名（女性四名、男性七七名）の一〇六名が収容されていた。日本人捕虜七七名の所属はほとんど第五六師団の第一一三連隊や第一四八連隊であった。早見と同じ拉孟で捕捉された兵士は、早見を含めて一四名、騰越は二五名で、拉孟と騰越を合わせて三九名となり、ほぼ半数に及んだ。また、追及を恐れて、偽名を使った兵士も多かったが、早見正則上等兵は実名だった。森本謝《ながし》上等兵は偽名を使っていたようで見当たらない。森本上等兵は手記の中で、収容所では「当時、所属部隊も、所属名も名乗らず、本名も使わず、偽名を使っていた」（森本前掲書『玉砕　ああ拉孟守備隊』、七九頁）と書いている。旧日本軍の兵士は、天皇のために死ぬよう教育されていた。「生きて虜囚の辱めを受けず」という戦陣訓がまかり通っていたので、捕虜になることは兵士にとっては自分のみならず故郷の親兄弟にも恥辱だと思われていた。それゆえ、偽名を使う兵士が多かったのである。

日本兵七七名の捕虜のうち、六七名は収容所において情報の提供を行っている。また、七七名のうちの四名の日本兵は、一九四四年9月9日頃、朝鮮人の専門技官、ホウの手引きで逃亡し、中国軍に投降した。そのうちの二名は、日本の政治体制に反対し、日本の民主化を支持することを自ら宣言した。この二名はどちらも第一八師団（菊兵団）の兵長であった。彼らには特殊な教育の素養があったわけではなく、目立った情報も能力もなかったと報告されている。

ホウの報告では、「第五六師団の男たちは死に物狂いで戦った。日本の兵隊の愛国心は強く、公式の日本的思考がいまだに男たちの心を支配しているようだ」（Korean and Japanese Prisoners of War in Kunming, 28 April,1945.Ibid.）となっている。

一方で、アメリカの「中国戦域における日本人捕虜の心理的教化」（Psychological Indoctrination of Japanese Prisoners of War in the Chinese Theater,1945.）という報告書の中では、「民主的な路線で戦後日本の健全な復興計画を確立するためには、中国における敗残兵を、日本に戻す前に、彼らにこのプログラムを理解し受け入れるように精神的に教化すべきである」と述べられている。

この教化プログラムを円滑に推進させるために活躍したのが、米軍所属の日系二世であった。早見上等兵も昆明の収容所で、ハワイ出身の日系二世「タナカ」さんの通訳のおかげで、コミュニケーションがスムーズに取れて助かったと証言している。

「最初は日本軍が負けたことは信じていなかった。日本の敗戦を祝って中国人が爆竹を鳴らしていた音を聞いて、日本軍が攻めて来たと信じていた。タナカさんが説明してくれなかったら、ずっと日本は負けていないと信じていただろう」（早見の聞き取り・二〇〇五年9月6日）。

収容所での生活

昆明収容所での生活について、早見上等兵は次のように語っている。

「収容所ではお腹が空くから、毎晩野菜泥棒に出かけたな。収容所の隣に精華女学校があって、鉄条網を越えて広い農園に忍び込んで野菜を盗んでいた。便所裏の鉄条網を切って出入り口にしていた。そこにはあらゆる野菜がいっぱいあった。その横に井戸があった。そこに米をとぎに行ったった。井戸につるべがついていてな。ある夜、安奈兵長は、野菜泥棒を護衛に見つかり撃たれちゃってね。同じ頃、朝鮮人〈慰安婦〉の〈弘子〉さんがマラリア熱で亡くなったので、二人一緒

に葬式をしたんよ」（早見の聞き取り・二〇〇五年9月6日）

この事件を機に、捕虜の食事がいくらか改善されたらしい。

早見上等兵は収容所での仕事は楽なものが多かったと言う。

「朝九時になると、タンクを作る人、倉庫の整理に行く人に分かれ、女性は病院のシーツの洗濯に行く。倉庫に行く人がものすごく多かった。帰りにおみやげがあるけんね。帰る時は、いろいろな物を詰めこんで、お相撲さんのようにお腹を膨らませて、こげんになったと。アメリカ兵の見張り二名は、見て見ぬふりをしていた。もって行けと言わんばかりだったな。帰って来ると、中国人が皆買いに来た。日本人は食べ物や煙草がほしくて、中国人はタオルなどのアメリカ製の日用品がほしかった」

「テントだけはアメリカ製だったが、収容所は中国の管轄だった。食事も中国のもので、毛布も中国製。中国の毛布は毛足がとても長かったので、器用な人は、それを解いて、靴下を編んで金にしておった。それで煙草やら買いおった」

3　森本謝《ながし》上等兵の場合

森本上等兵も早見上等兵と同じく、誰かわからないが将校の「本隊へ追及せよ」という命令を聞いた。森本上等兵はこの時の声が関山陣地で爆死したと言われた辻大尉ではなかったかと思っている。森本上等兵は龍陵に向かう道中で、第二大隊の羽野伍長と香川兵長に偶然会ったが、最後に生き残ったのは森本上等兵だけであり、森本上等兵も早見上等兵と同じく捕虜となって生還した（森本前掲書『玉砕　ああ拉孟守備隊』、六三頁）。

一九日間の脱出劇

森本上等兵は横股陣地を脱出し、中国軍の追撃射撃のなか水無川に向かって駆け下りるとき、横に外れて山中に潜んだので射殺されずに助かった。山中をさ迷っていると同じ第二大隊の羽野伍長と香川兵長に遭遇したが、二人はまもなく中国兵に見つかり、最初に羽野伍長が、次に香川兵長が襲撃され命を落とした。森本上等兵は一人だけ取り残された不運を嘆くとともに後方の師団司令部に辿り着いて拉孟の状況を報告することが唯一自分にできる使命だと決心した。

この時の森本上等兵は、師団への報告のためひそかに脱出した木下昌巳中尉の存在を知らない。森本上等兵は拉孟を脱出した生存者は自分一人だけだと信じていた。だからこそ、強靭な精神力を発揮できたのである。

拉孟を脱出してからほとんど何も食べていなかった。食べたものといえば、名も知らない草だけであった。飲み水といえばスコールの時の雨水だけである。夜は酷く寒いが、昼は日照りの厳しい暑さのなかで、喉の渇きにもはや我慢ができなくなった森本上等兵は、遂に自分の小便を手に受けて飲むようになった。森本上等兵はこの時、生に執着する人間の浅ましさを自分で確かめたようで、何ともいえない怒りと悲しさを、何かにぶつけたい気持ちでいっぱいになった。

脱出後一九日間ぐらい経っていたが、精根尽きても死ねなかったのは、「悲惨な拉孟の状況を伝えたい」――その一念があったからである。

ある夜、前方に明かりがボンヤリ見えた。懐かしさと嬉しさでその方向にヨロヨロと足を向けた。そこは中国軍の陣地であった。手榴弾を握った途端、頭をガーンと殴られ捕虜となった。捕虜になったら必ず殺されると聞かされていたので銃殺を覚悟した。しかし、中国軍は森本上等兵に服を着せ、鉄帽一杯の汁かけ飯を与えた。その時の食事の美味しかったことを森本上等兵は終生忘れられなかった。満腹した後は死んだように眠った。森本上等兵は、その時、苦しいとか悲しいとか、残念であるとか負傷している傷口が痛むとか、そのような人間的な感情を失った一匹の動物と同じだった、という（森本前掲書、六四―七四頁）。

昆明捕虜収容所

捕虜の身となった森本上等兵が最初に連れて行かれたのが保山収容所であった。収容所には日本軍捕虜が四〇名ほどいた。多くの日本兵は皆やせこけて栄養失調状態にあった。どこの部隊か明かすことはなく、お互いに自分の名前も名乗らず人目を避けていた。当時の日本軍では捕虜になることを最大の恥辱だと教え込まれていたからである。

捕虜収容所の食事はコウリャン飯に塩汁だけの粗末なものであったが、それでも兵士たちにはご馳走であった。その後、昆明収容所に移されたが、昆明の「給与（食事）」は保山と違って大変よかったので、体力も次第に回復した。

昆明には捕虜は七〇名ぐらいいた。使役労働もそれほどきつくなく、作業の後、米軍のシャツやズボン、タオル等を腹に巻きつけて、宿舎のテントに持ち帰った。失敬した品物は中国兵と一緒に町に出た時、町の民間人に売りさばき、今度は日用品や食糧などを購入した。捕虜となって一年が経とうとする頃、8月15日に日本が無条件降伏したことを、昆明の収容所で聞かされた（森本前掲書、七五―七六頁）。

4　朴永心《パクヨンシム》さんの場合

全滅時の「慰安婦」たち

歩兵第一一三連隊に所属していた品野実の『異域の鬼――拉孟全滅への道』の中に、衛生兵の吉武伍長についての記述がある（三二二―三二三頁）。それによると、全滅の前日か、二日くらい前に、壕の中で「慰安婦」らに大声で泣きつかれた。「慰安婦」たちは看護婦代わりとなって働いていた。手足のもげた兵たちが呻き、毎日死んでいった。彼女たちの神経がもっているほうが不思議なくらいだ。「どこでもいい、この場から一緒に連れて逃げてェ」とすがりつくが、どうにも仕方がない。

その時まで二〇名の「慰安婦」は皆無事だった。服装は兵隊服やモンペでなく、女物のワンピースを着ていた。吉武伍長は、彼女らが不憫でたまらなかったが、「どうしてやることもできない、一緒に死のう」と言うしかなかった。「こんな女たちまで道連れにせねばならんのか」と、吉武伍長はたまらなかった。

拉孟陣地の陥落が刻一刻と迫っていた。吉武伍長は、最後の横股陣地から、二、三人の「慰安婦」が飛び出すのを見た。水無川の方に転げ落ちるように逃れた。この中に、朴永心さんも含まれていたかもしれない。

横股陣地を脱出した朴永心さんは、中国軍に捕らえられた時、下腹部から激しい出血があった。切迫流産しかかっていた。中国人の医者の手術を受けたが、お腹の子は死産であった。朴さんは治療を受けた後、保山、楚雄の収容所を経て、昆明の捕虜収容所へ連行された。

捏造された「美談」

9月7日、横股陣地に追い詰められた。雨でビシャビシャになっているコの字型の大きな横穴壕に重傷者と「慰安婦」たちが混在していた。昇汞錠《しょうこう》が重傷者と「慰安婦」にも配布された。重傷者はほとんどが昇汞錠を飲まずに手榴弾で自決した。横股陣地の壕は重傷の将兵がもがき苦しみ、地獄絵さながらであった。吉武伍長は「殺してくれェ」という重傷の曹長の声が耳にこびり付いて離れなかった。手足がなく自ら死ぬこともできない兵士もいた（品野前掲書、三二三頁）。

　横股陣地の壕からは自決した日本兵と共に二名の「慰安婦」の死体が発見された。自決兵の手榴弾の巻き添えになったのか、もらった昇汞錠で自決したのかは定かではない。

　第三三軍作戦参謀の辻政信が自著『十五対一』（酣火社、一九五〇年）の中で、「日本人慰安婦は晴着の和服に最後のお化粧をして青酸カリをあおり、数十名一団となって散り、朝鮮娘五名だけが生存」（一二九頁）と書いているが、実態は、彼女らは死に化粧もしていないし晴着も着ていなかった。死因も青酸カリではなかった。さらに、日本人「慰安婦」の詳細がわからないだけに、死亡した二人が日本人かどうかも不明である。つまり、青酸カリをあおり、朝鮮人「慰安婦」を逃がして、大和撫子は兵士とともに死を選んだというのは、辻の捏造した「美談」であり、事実とは異なる。

「慰安婦」とは誰か

　米国公文書館にある「連合国捕虜尋問報告書」には、昆明収容所に二五名の朝鮮人が収容されていると書かれている。そのうち二三名が女性で、全員「慰安婦」であった。この報告書の中の朝鮮人捕虜名簿に、「朴永心」の名前があった。名簿の項目は、名前、年齢、出身地、連行年月が記載されており、朴永心さんについては「平安南道出身、Pak Yong 'sim（パク・ヨンシム）、二三歳、一九三九年八月、朝鮮を出る」とある。残りの二名の朝鮮人は男性で、一人は民間の通訳者ノー・ピョン・チョイ、もう一人は三六歳のファン・ナムスク（黄南淑）の一六歳の息子ファン・ピョンギュンである（Korean And Japanese Prisoners of War in Kumming,28 April,1945.）。

この「連合国捕虜尋問報告書」の中で、「慰安婦」について次のような説明書きがなされている。「彼女たちは、明らかに、強制的に、また騙されて慰安婦になった。たとえば、一九四三年七月に朝鮮を出た一五名は、朝鮮の新聞広告でシンガポールにある日本の工場で女子を募集しているという広告に応募した。同様の誤解で、少なくとも三〇〇人の少女たちが南方に送られた」（Korean and Japanese Prisoners of War in Kumming, 28 April,1945.Ibid.）。

朴永心さんもまた騙された一人であった。朴さんは現在の朝鮮民主主義人民共和国平安南道南浦市後浦洞にある洋品店に下女奉公に出されていた。ある日店に現れた日本人巡査に「お金が稼げる仕事があるが、お前も行かないか」と誘われた。一九三九年8月のことである。平壌駅で憲兵に引き渡された朴さんら十数名の娘たちは、貨車とトラックで南京まで連行された。朴さんが最初に入れられたのは「キンスイ楼」と呼ばれる南京の「慰安所」であった。「一九」という番号札が掛かった部屋が彼女の部屋であった。朴永心さんは本名を奪われて「歌丸」とされ、ここから彼女の屈辱と地獄の日々が始まる（西野瑠美子『戦場の「慰安婦」――拉孟全滅戦を生き延びた朴永心の軌跡』

明石書店、二〇〇三年、一九一二二頁)。

同様に朝鮮人捕虜名簿の「慰安婦」の名簿に、「尹慶愛《ユンギョンエ》」の名前があった。名簿には「黄海南道出身、Yun kyong（ユン・ギョンエ）、二六歳、一九四二年七月連行」とある。一九四二年平壌にいた尹さんもまた「金になる仕事がある。おいしいものが食べられ、きれいな着物が着られる仕事を紹介する」という日本人の求人案内に騙されて「慰安婦」にさせられた一人である。数百名の尹さんのような若い娘を乗せた船が七隻もビルマへ向かった。一九四二年八月、尹さんはラングーンに上陸した。この船の一行に朴永心さんも乗っていた可能性が高い。朴永心さんが南京からビルマのラシオの「慰安所」に連行されたのは一九四二年の初夏であった。ここで彼女は「若春」と呼ばれた。一九四二年末に、拉孟に「慰安所」ができたとすると、朴永心さんが拉孟の「慰安所」に連れてこられたのは、中国軍の反攻作戦前であったことから、少なくとも一九四三年六月前の乾季の頃だと推測される。

「連合国捕虜尋問報告書」には、引きつづき次のような記載がある。

「以上の朝鮮人たちは皆、一九四四年九月に中国の部隊に逃げてきた。二三人の慰安婦のうち一三人と少年一人は騰越で投降した。彼女たちは第五六師団の第一四八連隊の所属であった。残りの一〇名は、松山（拉孟）周辺で投降した。第五六師団の第一一三連隊の所属であった。通訳ノー・ピョン・チョイも騰越で投降し、第一八師団の第一一四連隊所属であった」。

歩兵第一四八連隊とは騰越守備隊の主力であり、歩兵第一一三連隊は拉孟守備隊の主力である。中国側では、朝鮮人は捕えられたのではなく自発的に中国軍に投降したと見なしている。彼女たちは、我々に誠意に満ちた確かな情報を提供したと書かれている。「慰安婦」たちにさっそく尋問が行われた。

昆明収容所の日本人の女性四名も「慰安婦」である。大分県出身の「双葉」、大牟田市出身の「誠」、鹿児島出身の「君子」が含まれていた（太田前掲書『拉孟――玉砕戦場の証言』、二七一頁）。しかしながら、日本人「慰安婦」については個人データの記載がないため彼女らの詳細はわからない。

兵士たちの証言から

早見上等兵は、朴永心（若春）さんのこともよく覚えていた。「昆明の収容所におったときなんかも、若春さんはよく面倒みてくれて、洗濯などしによく来てくれました。中でも谷祐介軍曹と若春さんは仲がよかったな。若春さんは日本語もうまいし、日本の歌もうまくて、よく流行歌を歌ってくれました。とても朗らかで気分の良い人でした。本当にようしてくれました」（早見の聞き取り・二〇〇五年9月6日）。

谷祐介主計軍曹は、昆明収容所で「慰安婦」にもてたので、拉孟時代に遊んだと思われているが、谷軍曹は主計という職柄、公金や官給品を管理する立場なので、「慰安所」遊びは慎むように指導されたのでこれを遵守したと証言した（太田前掲書、八〇―八一頁）。

森本上等兵も昆明収容所で拉孟にいた「慰安婦」たちと再会し、次のような思い出を書いている。「私は顔なじみで以前からよく知っていたので、彼女たちとよく四方山《よもやま》話をした。彼女達はよく私達のテントに遊びに来てくれた。しかし、お互いに捕虜の身で、収容所の歩哨の見廻りもあるし、余りガヤガヤと喋り合うことはできなかった。それでも夜になると割合、落ち着いた話もできた。話が始まると、矢張り拉孟の話でもちきりである。お互いに長い、長い、苦闘の日々であった拉孟の思い出話は、いくら話してもつきなかった」（森本前掲書、七八頁）。

戦場の「慰安婦」の本音

日本兵と「慰安婦」たちは、米軍のテントに一〇人一組の天幕生活をしていた。女性たちは日本兵とは別のテントだったが、交流は自由にできたようだ。

しかし、朴永心さんは、こうした天幕生活に内心疑問をもっていた。朴永心さんは、戦後六〇年経って、拉孟を訪れた際に、中国人ジャーナリストの朱弘さんに日本人には言わない（言えない）「本音」を語っていたのである。

「彼らは日本兵、私たちは被害者、なぜ同じ牢屋に押し込められるのか？」と疑問を投げかけている。朴永心さんは「日本軍の女」として最初に拉孟の地で中国軍の捕虜となった時から、この疑問を心に宿していた。そして彼女は、朱さんに「私は人生のすべてを失った。恥ずかしい。自殺したい」と何度も言ったという（朱弘さんの朴永心さんへの聞き取り・二〇〇三年11月26日、拉孟の当時の臨時収容所前にて）。

日本軍の将兵らの中には、「慰安婦」たちに親しみを込めて「戦友」と呼ぶ人もいる。しかし死線を共に生き抜いてきた連帯感によっても彼女たちとの関係を美化することはできない。彼女たちの存在理由は、将兵の性欲のはけ口以外のなにものでもなく、女性たちの恥辱と苦恨は心身から生涯消えることはなかったからだ。

朴永心さんは、戦後、朝鮮人「慰安婦」の補償問題で日本政府を訴えたが、満足いく結果を得られることもないまま、二〇〇六年8月7日に朝鮮民主主義人民共和国平安南道南浦市の自宅で永眠した（享年八五歳）。以下は朴永心さん死去の記事を掲載した『朝鮮新報』の抜粋である。

「一七歳の乙女が植民地支配下の故郷、南浦から、日本の官憲に騙されて、戦場の『慰安婦』として駆り出されていくまでの運命の暗転――朴さんはこう語っている。〈砲弾の嵐の中で、屈辱に満ちた生活を送り、幸運だったのか悲運だったのか、私は死線をくぐり抜けて生き延びてしまった。故郷に帰ってからも当時の記憶に苛まれて、まるで罪人のような気持ちを抱えて生きてきた。悪夢に襲われ、人々に過去のことを知られまいと隠し通し、耐え難い苦痛を抱えて生きてきた私の一生は、一体何だったのか〉」（『朝鮮新報』二〇〇六年8月21日付）。

「慰安婦」と朝鮮人志願兵

拉孟守備隊全滅戦の前提として、陣地構築前後の現地住民に対して日本軍は何の前触れもなく、現地住民の生活のすべてを破壊した。日常の生活を根こそぎ剥ぎ取られただけでなく、数多の老若男女の生命が奪い取られた。

現地住民の戦争被害の中でも、より悲惨と苦渋を味わったのは、「慰安婦」にされた村の若い娘たちであった。彼女たちは日本軍の傀儡政権と結託した村の指導者の手引きで性奴隷となるよう「犠牲」を強いられた。龍陵の白塔村には、「維持会」（日本の傀儡組織）の漢奸（中国人の売国奴）による手引きで、約六〇〇名の「華姑娘《ファクーニャン》」と呼ばれた現地女性が「慰安所」へ供出された（山田前掲書『アイデンティティと戦争』、一二三頁）。彼女たちが拒めば家族や村民に制裁や被害が及んだ。あるいは、「お金になる良い仕事がある」と騙されて「慰安所」に連れて来られたケースもあっただろう。

拉孟陣地にいた朝鮮人「慰安婦」もまた、すでに書いたように巧みに騙されて祖国から遠い雲南の山奥まで連れて来られた。彼女たちは、民族と権力とジェンダーの交錯した中で重層的に抑圧されつづけてきた。戦争は、より弱い立場の人間に抑圧と苦しみが重積するような仕組を作り出している。

日本軍の部隊には朝鮮人志願兵がいたことも忘れてはならない。第四九師団（狼兵団）第一六八歩兵連隊の吉田部隊は、朝鮮で編成された部隊で、全体の二〇％が朝鮮人志願兵であった。一九四四年8月20日、吉田部隊は第三三軍の配下に転属され、龍陵の攻防戦に投入された。第四九師団の朝鮮人志願兵が書いたビルマ・雲南戦記として、李佳烔著『怒りの河――ビルマ戦線狼山砲第二大隊朝鮮人学徒志願兵の記録』（連合出版、一九九五年）がある。李佳烔は「岩本佳夫」という日本名で、一九四四年1月20日に入営した（二五頁）。彼らは、戦場では「日本兵」として戦闘したにもかかわらず、生還しても戦後の補償もなく黙殺されつづけている。

終章

終わらない戦争

遺族訪問

二〇一三年3月中頃、川崎の木下昌巳さんの自宅を訪ねた。あいにくその日は体調が優れず、木下さんは床に伏していた。一言挨拶をして早々に帰ろうとした時だった。差し出された手を握ると、「多くの犠牲者の陰で生き残った身として申し訳ない気持ちでいっぱいだ」と語った。九二歳になってもなお木下さんは、約一三〇〇名の拉孟守兵の生き残りとしての重い責任を抱えていた。

戦後、「元職業軍人」に厳しい社会風潮の中、木下さんも生きていくために必死だった。日本各地を転々とし、さまざまな仕事をして妻子を養った。波乱万丈の人生の中、彼は許す限りの時間を遺族訪問と訪中「慰霊」に費やした。約一三〇〇名の拉孟守兵全員の遺族に会うことは現実的に不可能である。すぐに会って戦況報告ができたのは十数名の遺族だけだった。一方で、遺族の心境は計り知れない。なぜ将校でありながら木下昌巳中尉が生きて帰ったのかと釈然としない遺族もいた。今でもそう思っている遺族もいるかもしれない。

「なぜ、うちの父だけが、夫だけが戦死したのか、生きて帰った戦友たちは慰霊祭と称しながら酒を飲み騒いでいるじゃないか、と思う遺族もいるかもしれない」と木下さんは手記に記している（木下前掲書『玉砕』、一五一頁）。木下中尉は、金光守備隊長の命令の重責を背負って、「終わらないもりが今でも私の中に残っている。

戦争」を生きてきたのである。帰り際に、病床の木下さんが「ありがとう」と差し伸べた手のぬくもりが今でも私の中に残っている。

　一九四六年6月に木下中尉は復員した。復員して二カ月後、木下中尉は金光恵次郎守備隊長の命令を遂行するために、可能な限り拉孟守兵の遺族を探して会いに行った。遺族に戦死の状況を克明に伝えなければならない。しかし、第七中隊の一小隊長の木下中尉が知っているのは直属の部下の数名の状況だけだった。当時の戦闘の状況を思い浮かべて「この陣地で戦死されたと思う」としか伝えようがなかった。

　同年8月に、木下中尉の郷里の熊本県の鹿本《かもと》に、宮下准尉の妻が五歳の息子を連れて訪ねて来た。木下中尉は、宮下准尉に隊付きの連隊で世話になった。木下中尉の中隊ではなかったので、「関山で戦死された」としか伝えられなかった。

　同年9月には、木下中尉は金光守備隊長の実家である岡山県伊里郡伊里村を訪ねた。金光大隊長の両親、妻と一男四女の子どもたちがいた。その後、一家は兵庫県加西《かさい》市に移住し、未亡人が小学校で用務員をしながら細々と生計を立て、その暮らし向きは厳しいものであった。夫を失い残された遺族の幸せとは言えない家庭を目の当たりにして、戦争の傷跡の深さを木下中尉は痛感した。木下中尉はその後も何度か金光大隊長の遺族を訪ねている。

一九七〇年、木下中尉は、同じ野砲兵第五六連隊の木下四郎中尉の未亡人を東京の東久留米に訪ねた。その時、木下四郎中尉の未亡人に、「昭和19年の新聞記事に、木下昌巳中尉生還の記事を読んで、どうか木下違いであって欲しいと願いました。また恨みにも思いました」と言われたときは返す言葉に詰まった。木下四郎中尉は妻帯者で二人の子どもがいた。当時二三歳の木下昌巳中尉は独身。木下四郎中尉の妻の正直な気持ちを聞いて、独り者の自分が死んで妻子のいる木下四郎中尉が生還すればよかったと切に思った。

七三年、木下中尉は一番身近な戦死者であった沢内秀夫中隊長の弟さんに徳島で会うことができた。沢内中隊長は士官学校の一期先輩で、ビルマのクットカイから拉孟まで同じ第七中隊長で世話になった直属の上官であった。木下中尉の最も身近な存在であり、自らが拳銃で〝介錯〟をしただけに、遺族に沢内中隊長の最期を包み隠さず話すことが最大の任務だと思っていた。

沢内中尉の弟さんは「兄がどんな戦死状況だったのか全くわからなかったので……そうでしたか、最期を看取っていただきありがとうございました。これで安心しました」と感謝の言葉を述べた。木下さんは、「正直、ご遺族の気持ちはたまらなかったと思うが、沢内中隊長のことは自分以外に報告できるものはいないので、一つの任務を果たした思いがした」と語った（木下の聞き取り・二〇〇九年2月13日）。

一九四三年12月に、赴任わずか四カ月にもかかわらず、金光大隊長は守備隊本部（音部山陣地）

直属の部下全員（約一〇〇名）の親族に手紙を出している。パソコンもコピー機もない時代、一通ずつ丁寧に書いた手紙が遺族の手元に残っていた。手紙には、親族に対してご子息やご主人を責任をもってお預かりする。また銃後〈※〉の生活で困ったことや心配事があれば遠慮なしに申し出てほしいという内容が書かれていた。

二〇〇三年1月、木下さんはこの手紙の写しを鐘ヶ江兵長の弟さんから手渡され、その文面を読んで驚いた。木下さんは「ここまでする隊長を私は他に知らない。たたき上げの隊長なので兵隊の機微がわかる、大変立派な隊長だった」（木下の聞き取り・二〇〇三年3月14日）と語った。

〈※〉銃後とは、戦争中の用語で、銃（戦地）の後方、すなわち国外の戦地に対し、国内をさして言った言葉。国内にあって戦争遂行をささえ、困苦に耐えて働くことを「銃後の守り」と言った。

白塔小学校の建設

木下昌巳さんは、一九八〇年から二〇〇一年まで合計一二回、中国を訪問した。木下さんの訪中の目的には、「迷惑をかけた現地の人への謝罪と遺骨収集の活路を見出したい」（木下の聞き取り・二〇〇九年2月13日）という積年の思いがあった。中国政府は、今なお中国で戦死した旧日本軍兵士の遺骨収集や慰霊行為を許可していない。当時の英国の諜報資料（前掲『昆明月間ニュース』8月号）にも、怒江作戦開始以来の中国軍の死傷者は二万二〇〇〇〇人から二万四〇〇〇〇人にのぼり、日本軍の死傷者は四五〇〇人から七〇〇〇人と報告されている。中国人の死傷者の人数が日本人を圧倒的に上回っているため、旧日本軍兵士の遺骨収集や慰霊行為は国民感情を逆なでするから一切禁止するという中国政府の見解である。

私たち一行が拉孟陣地を訪れた際も、中国人ガイドから、わずかの土も松ぼっくり一つも持ち帰ることのないよう再三注意を受けた。慰霊行為が許されないならせめて拉孟の土を故郷に持ち帰りたいという老兵の気持ちは察するに余りあるが、それは固く禁止されている。

龍陵は、市街地の中央を滇緬《てんめん》公路（ビルマルート）が通り、三叉路を右折すれば拉孟、左折すれば騰越へ通じる滇緬公路の分岐点であり軍事拠点であった。したがって一九四四年6月から10月頃まで、拉孟、騰越と同様に、中国軍の最大の攻撃目標とされ、龍陵市街を囲む山上陣地では激しい争奪戦が行われた（龍陵会戦）。

戦時期、龍陵北西部にある白塔村ではスパイの容疑がかかった住民に対して大規模な虐殺が行われた。そのため、白塔村は反日感情が強い場所だ。だからこそ、元将兵と遺族は白塔村に小学校の建設を考えたのである。

白塔小学校建設の道のりは平坦ではなかった。元将兵の中には「何もしてくれない相手に寄付するのは無駄だ」という意見も多かったという（二〇〇九年8月4日付の筆者宛の木下さんの手紙）。木下さんらは温度差のある元将兵や遺族を説得して、建設費の寄付を募って、最終的に募金額が六〇〇〇万円に達した。木下さんは私への手紙に「募金者の中で、龍陵で龍兵団に配属され苦労した安兵団の平田敏夫さんが、奥様を亡くされた供養の意味で三〇〇万円を寄贈されたことは特筆すべきこと」（二〇〇三年3月14日付）と記している。龍陵の六の三山戦闘で、平田さんは安兵団の野中大隊の二等兵として従軍した。六の三山戦闘では、平田さんのように負傷し後方に下がった兵士以外で生きて帰ってきた者はほとんどいなかった。

一九九八年11月、元将兵と遺族たちの思いが結実し、白塔小学校は完成した。学校の敷地は四〇〇〇平方メートル、建坪八二七平方メートル。同年11月13日の落成式に木下さんら訪問団二八名（うち遺族一二名）が参列した。この時の訪問団に平田敏夫さんと娘の順子さんと孫二人も含まれていた。

その完成式典の席で、龍兵団の平戛《へいかつ》守備隊の生存者の川瀬利男さんが訪問団を代表して、建設費の残額、一〇〇万円を龍陵県に寄付した。これで合計七〇〇〇万円が日本から寄贈されたことになる。龍陵県政府に白塔小学校を寄贈し、現地住民に大変喜ばれ、地元の子どもたちの祝賀舞踊が披露された。しかし、その後も、日本側が切望する遺骨収集や慰霊祭は実現されることはなかった。

木下さんの私への手紙に当時の思いが綴られている。

元日本軍人と遺族が寄付した建設された白塔小学校。現在、小学校は移転し、民間企業が使用している。

「中国政府は、未だに遺骨収集について許可しない、戦死者の慰霊も認めない、所詮侵略者に対する恨みか！」（二〇〇九年8月4日付）

二〇一二年5月1日、本書のはじめの方で書いたように、私たちは白塔小学校を訪れた。しかし、小学校は民間企業に売却されており、もう校舎からは子どもたちの声は聞こえてこなかった。中国人ガイドは、子どもの人数が増えて建物が手狭になったので、新しい場所に小学校を建設中だと説明した。出来上がるまで子どもたちは近くの中学校を間借りしていた。現在は、建設会社が白塔小学校の建物を管理し、教職員用の寮として使用されていた。

校舎が完成した時、校庭に日中友好の記

念碑が建てられ、礎石には「中日友好、七〇〇〇万円寄付の記念碑」の文面が刻まれていた。私が訪れたときには、日中友好の礎石は茶色のプレートで覆い隠されていた。私は言葉を失った。

このような経緯を日本の関係者は何も知らされていなかった。同行者の平田敏夫さん（当時八九歳）はまさにこの白塔小学校建設に最も労を尽くした元兵士である。私は四年前から京都で平田さんの聞き取りをしている。他の同行者たちは、平田さんの気持ちを察してか、口ぐちに非難した。しかし、平田さんは顔色一つ変えず何も言わなかった。

マイクロバスの隣の席で、私は「皆さん、非難ごうごうでしたね。小学校がなくなってどう思いますか？」と尋ねると、平田さんは「皆さんは戦争を知らないから仕方ない。しかし我々はいいんです。たとえ建物がなくなっても子どもたちが別のところに行ってもいいんです。小学校が出来たことで友好が深まったことに意味があるのです」と答えた。その背景にはこんな経験があったのである。

一九九八年11月13日の白塔小学校落成式典で、地元住民の熱烈歓迎の一方で、平田さんは忘れられない経験をした。龍陵県の中国側の担当者の男性が平田さんに問いかけた。

「日本人はなぜ侵略戦争を認めないのか？」

そのとき平田さんは咄嗟に「私は侵略なんかしていません」と答えたのだ。

男性が立ち去った後、平田さんは中国人通訳から次のような話を聞いた。戦時中の白塔村で、彼の母親は日本兵に家族の面前で殺された。以前、彼の父親は息子に「お前は役目だから仕方がない。しかし日本人とは仲良くするな！　日本人に妻（母親）を殺されたんだぞ！」と叫んだというのである。平田さんは自分の言葉を悔やんだ。平田さんは言う。

「これほどに白塔村では日本人への恨みは強いんです」

小学校落成の式典の席で訪問団の代表が「龍陵の山上で戦死した日本兵の遺族も来ています。ここで死んだ息子や夫に会いに来ました」と言って、皆で「ふるさと」を歌った。

式典終了後、訪問団の日本人女性に、中国人の婦人から赤ん坊を抱いてほしいと差し出され、抱いてやるととても喜んだそうである。中国では赤ん坊を抱かせるのは友愛と信頼の証である。元平戛守備隊の川瀬利男さんもその時の様子を手記に書いている。「日本の訪問団が校庭を出てバス乗り場に向かう途中、軒下に佇む老夫妻が幾組も我々に『ツァイチェン、ツァイチェン（再会）』と手を振って別れを惜しんでくれた。これまでの冷やかな老人達の態度に比べ、心暖まる思いがした」（川瀬利男『戦争と鎮魂の旅』〈私家版〉二〇〇一年9月、一三八頁）。

遺骨収集や慰霊行為を決して認めない中国側の姿勢を「軟化」させるために行ってきた旧日本軍関係者の白塔小学校建設への長年の取り組みは結果として報われなかった。木下さんの無念の「叫び」が今も私の胸に突き刺さっている。しかしその一方で、日本軍関係者は、白塔村の現地住民の旧日本軍に対する依然としてつづく厳しい感情をどれだけ深く継続的に考慮してきただろうか……。もし考慮してきたのならば、考慮せざるをえなかった理由と経緯を日中両国の戦後社会にもっと積極的に公表すべきではなかっただろうか。伊香教授は、最近の著作の中で日中の雲南戦争の記憶の仕方の相違が日中の相克の一因になっていると述べている。

「〈我龍兵団の勇敢敢闘〉ぶりばかり目を向けるような回想ではなく、日本軍が現地でしたことに率直に目を向けるような回想を早くから関係者が積み重ねていたならば、一九八〇年代末に実現した現地訪問は、現地側とより多くの記憶を共有する大きなきっかけとなったであろうし、現地側の反応ももう少し異なるものになったであろう。……少なくとも雲南戦をめぐる両者の間で一種の〈和解〉が成立する可能性があったとすれば、そうした方向しかなかったであろうということである。自らの戦争についての記憶の仕方が、自らの希望（現地での慰霊、遺骨収集）の実現を阻む一つの要因となったのである」（伊香俊哉『戦争はどう記憶されるのか――日中両国の共鳴と相克』柏書房、二〇一四年、一〇八頁）

被害者の憎しみや憎悪をどのような形で受け入れ、乗り越え、次世代の関係性を築いていったらよいのか？　日中関係の将来を担う私たちの最大の課題である。

事項索引

【人名・事項索引】

人名索引

あとがき

私が小林憲一さん（元第三三軍配属飛行隊長）とニューヨーク線の機内で出会ったおよそ二カ月後の一九八五年8月12日、日本航空は航空史上最悪の事故を起こした。群馬県の御巣鷹山の尾根に羽田発大阪行きの日航機一二三便が墜落、五二〇名もの人命が奪われたのである。拉孟との出会いと御巣鷹山事故。一九八五年は私にとって生涯決して忘れられない、忘れてはいけない年となった。

二〇一二年4月末から5月に、雲南戦場跡を巡る旅をしながら、私は拉孟戦の戦史研究と一九八五年の日航に身を置いていた私の個人的経験が、実は深いところで無関係ではないことに気がついたのである。

雲南の龍陵賓館のベッドに横になりながら、私は平田敏夫さんの一九九八年11月の白塔小学校の完成記念式典の話を思い出していた。平田さんが「私は侵略なんかしていない」と答えた、あの出来事である。その時、ふいに四半世紀以上前の日航時代のある乗務の記憶が、私の脳裏に蘇った。大詳しい月日はよく覚えていないが、一九八五年夏の日航機墜落事故の数カ月後であったと思う。大阪から上海かグアムに飛ぶフライトに乗務していた私は、大阪からご搭乗されるお客様を笑顔でお迎えしている時だった。機内前方からやって来た中年のサラリーマン風の男性客がいきなり、「あんな事故を起こしてニヤついてんじゃねえぞ！」と私の顔にイヤホーンを投げつけたのである。

驚いた私の顔はひきつった。とっさに下を向き、お客様の顔を見ることができなかった。先輩乗務員に手を引っ張られ、ギャレー（機内で食べ物の調理や準備をする場所）に押し込まれた。そして「そんな顔をしてはダメ、しっかりしなさい！」と厳しく叱られた。たしかに客室乗務員としては失格だ。あまりにショックな出来事で、その晩は眠れなかったことを覚えている。

「私は何も悪くない。毎回、一生懸命フライトしているだけで、私自身が犠牲者になっていたかもしれないのに……」。そんな思いで下唇をかんでいた。

しかし、後になって私は気がついた。当時、一二三便の事故の原因究明もご遺族との交渉も全く進まず社内も動揺と混乱がうごめいていた。成田の日航オペレーションセンター内には一二三便で亡くなった運航・客室乗務員の遺影が飾られていたが、五〇〇名以上の犠牲者の前で、身内の乗務員の死を悼むことは許されないような雰囲気が漂っていた。だから私も、乗務前に自分だったかもしれない同僚の姿に見送られながら、毎フライト、気を引き締めて乗務していたつもりだった。

しかし、にこやかに笑みを浮かべている私たちの様子は、以前と何も変わらぬように見えたのだろう。そんなどこか他人事のような、「責任」の所在が見えない私たちの態度にお客様は一喝されたのだ。おそらく、あの男性客は、取り返しのつかない大事故を引き起こした日本航空の組織としての体質について、社員一人ひとりの「責任」の有り様を問われたのである。新米の客室乗務員でも、第三者からみればれっきとした「日本航空そのもの」であるのだ。同様に、平田二等兵も、同行者だった私たちも、中国側の遺族から見れば、憎むべき「日本鬼子《リーベングイズ》（中国語圏の日本人に対する蔑称）」であると見なされる。

一九八五年のその出来事以来、私は日航の客室乗務員になれた幸運を、違う形で恩返しすることに決めた。すなわち、日航が安全と信頼を再び手に入れるために、当時、安全を真摯に考え、行動していた方の「組合」を選んだのだ。二度と再び尊い命を奪うような事故を起こしてはならない、と心に決めたのだ。その思いは「二度と再び戦争を起こすような国にしてはならない」という非戦の「覚悟」にも繋がる。

「責任」の所在をはっきりと自覚し、安全（非戦）を何よりも優先し、信頼される航空会社（日本）の客室乗務員（市民）でありたいと思うようになった。残念ながら、私の願いは私が在職していた間には叶えられることはなかったが、私のあの時の「覚悟」は今もって変わっていない。こうして一昨年（二〇一二年）の雲南戦跡の旅をしたことで、拉孟の凄惨な戦場と御巣鷹山の惨状は、四半世紀以上の時を経て私の中で必然的に繋がった。

二〇一二年3月末に、東京地裁で日航の整理解雇に対する判決があった。二〇一〇年1月に経営破綻した日航は、会社更生手続き中に希望退職を募ったが、削減目的の未達成のため、二〇一〇年末に運航乗務員と客室乗務員合わせて一六五名の整理解雇に踏み切った。その後、解雇された元パイロット八一名のうち七六名と、元客室乗務員八四名のうち七二名が、「不当解雇撤回」を求めて日航に提訴した。私もＪＡＬにいたら、確実に「首切り」の対象者であった。

3月29日早朝、私は思い立って、裁判傍聴のため東京地裁に並んだ。地裁の前で、二五年ぶりに日航時代の諸先輩方と感動の再会を果たした。喜びもつかの間、裁判の判決は29日の運航乗務員、30日の客室乗務員、ともに敗訴であった。地裁の「日航整理解雇有効」の判決は、裁判所自身が認定した日航の会社更生計画の達成を裁判所が最優先した結果と考えられる。30日付の『毎日新聞』に、「地裁の判決は日航再建には多額の公的資金が投入され……その〈代償〉としての大型解雇に〈お墨付き〉を与えた」とあった。この判決は労働者の声や権利を無視した「お上による一方的な裁断」である。

社会的関心の高い日航整理解雇裁判の傍聴券は高倍率だった。傍聴券配布の列は長蛇となり、その列で仙人髭を生やした男性と出会った。彼の名は信太《しだ》正道《まさみち》さん（一九二六年生れ）。信太さんは元日本航空の機長で、海軍兵学校七四期生、最後の「神風特攻隊」の一員だ。一九四五年7月、神風特攻隊員に指名され、8月に特攻訓練地の千歳から出撃基地の茨城県百里基地への移動の途中で「終戦」となり命を繋いだ。戦後、京都大学卒業後、海上保安庁、海上警備隊、航空自衛隊を経て、一九五八年日航に入社した。一九六三年から八六年まで日航の機長を務めた。信太キャプテンと、一九八二年から八八年まで日航にいた私は四年間重なる時期がある。どこかの空で同乗した可能性は十分ありうる。そう思うと運命的な「再会」を果たしたように思えてならない。

信太さんは日航退職後、平和運動に専念し、二〇〇〇年、「厭戦庶民の会」を結成した。「厭戦庶民」が全体のマジョリティになれば戦争は起きないだろうとの考えで、厭戦をアピールする独自の市民活動を精力的に展開している。一九八九年、信太さんは、高文研より自身の戦争体験を記した『最後の特攻隊員——二度目の「遺書」』を出版し、二作目として『日本航空・復活を問う——元パイロットの懐疑と証言』を日航不当解雇撤回裁判の判決日の二〇一二年3月30日に合わせて出版した。かつて鶴の翼で同じ空を飛び、今では戦争研究に携わっている私に親近感を抱いてくれたのだろうか。幸運にも信太さんに高文研を紹介していただき、この拉孟戦の記録の出版に繋がった。拉孟は、事の始まりから現在に至るまで不思議な人との出会いが織り成すタペストリーのようであり、どのような模様が織り成されるのかは、自分の意思を超えた力によって導かれてきたように思えてならない。そして、不思議にも私の運命を変える出来事には、必ず「鶴の翼」が羽ばたくのである。

「よくも長年諦めずにやってこられましたね」と最近よく言われるが、何度も途中で挫けそうになっている。少し立ち止まってはまた歩き出す。そんな調子で慶應義塾大学（三田）に二十数年も通いつづけた。実は今でも……。強固な意思があったわけでも、明晰な頭脳や見通しがあったわけでもない。ただつづけてきた、それだけである。

拉孟戦の研究は、辛すぎる事実を直視しなくてはならない。平凡な母親としての日常とはあまりにかけ離れた事実に、耐えられなくなることもしばしばだった。だからこそ、子どもたちの未来に、戦争に繋がる芽を残してはいけないと切に思うようになった。命を産み育てている母親の非戦への思いは、凄惨な戦争の中身を知ることでより確固となった。

それだけではない。黍野さんの新古事記研究会のレジュメ作りは、気がつくと五年間もつづいた。勇会（戦友会）にはかれこれ約九年間毎月出席しつづけている（二〇一四年現在）。先日、「この会を引き継いでほしい」と九〇歳を超える老兵に頼まれた。二〇一三年11月22日に靖国神社で行われた龍兵団の永代神楽祭の世話人の一人として雑務のお手伝いをさせていただいた。ロンドンの帝国戦争博物館や国立公文書館に資料を探しにも行った。約一〇年の歳月をかけて日本各地を飛び回りながら人との繋がりを大切に築き上げてきた。これらすべてが、私の財産である。ビルマ戦の研究者としては一見遠回りをしているような事柄も、実は私の拉孟研究には必要不可欠で、何一つ無駄はなかったと思っている。

小林憲一さんが亡くなった時（二〇〇九年4月7日）に誓った。拉孟戦は何としてでも書き上げなければならないと……。これは小林さんの遺言である。でなければ、私を信頼して熱心に語ってくれた元将兵の方々に顔向けができない。とはいえ、私の力量では拉孟戦の一部分しか明らかにできなかった。力不足は誰よりも自分が承知している。しかし幸運にも本としてまとめられたことで、多くの方に拉孟戦を知っていただける機会を得ることができた。少しだけ肩の荷が下りたような気がしている。

それにしてもこんな凡才の女を長きにわたって見捨てることなく、歴史研究者に育ててくださった慶應義塾大学経済学部名誉教授の松村高夫先生には感謝の気持ちでいっぱいである。松村先生に出会わなければ今の私は存在しなかった。松村先生の跡を引き継ぎ、拉孟研究を論文として形にしてくださった慶應義塾大学経済学部教授の矢野久先生、有益な助言をいただいた一橋大学社会学部教授の吉田裕先生、さらに慶應義塾大学経済学部の諸先生方、及び松村ゼミの皆々様、拉孟研究を新聞記事（二〇一〇年11月22日夕刊）に取り上げて下さった朝日新聞の上丸洋一編集委員にも、この場を借りて心よりお礼を申し上げたい。新聞掲載の威力は絶大で大きな反響があり、元将兵との「人脈図」のさらなる拡大に繋がっている。

そして、長い間、快く聞き取りに協力してくださった龍《たつ》、勇《いさむ》、安《やす》、菊、昆《こん》などの元将兵の方々へささやかなご恩返しのつもりでこの本を上梓した。

あとがき

本書の刊行を快くお引き受けいただいた高文研前代表の梅田正己さん、編集者として適切なご助言をいただいた真鍋かおるさん、そして、これまでにご支援とご協力をいただいたすべての皆々様に、心よりお礼と感謝を申し上げたい。最後に、不束者の妻であり母であり嫁である私を、良い時も悪い時も温かく見守り、陰で支えてくれた夫の廣一、有華、駿介、そして義母の静子にも感謝の気持ちを述べたいと思う。

この本の原稿を書いている最中、二〇一三年9月18日、木下昌巳さんが亡くなられた。九二歳であった。

一九四四年九月七日の拉孟の全滅からちょうど六九年目の初秋、木下昌巳中尉は拉孟守兵らの元へ旅立たれた。心よりご冥福をお祈りいたします。

二〇一四年九月七日

遠藤 美幸

遠藤 美幸（えんどう・みゆき）
1963年秋田県生まれ。慶應義塾大学経済学研究科博士課程修了。1982年から88年まで日本航空（株）国際線客室乗務員として勤務。現在、神田外語大学非常勤講師（歴史学）。日吉台地下壕保存の会運営委員。
【主な論文】
「戦場の社会史―ビルマ戦線と拉孟守備隊1944年6月-9月（前後編）」『三田学会雑誌』102巻3号（2009年10月）及び4号（2010年1月）
「ビルマ戦線と憲兵の諜報活動（1945年7月）」『三田学会雑誌』104巻2号（2011年7月）
「ビルマ戦線と龍陵の戦場」『季刊戦争責任研究』第81号（2013年冬季号）

装丁＝商業デザインセンター・松田 礼一

「戦場体験」を受け継ぐということ
――ビルマルートの拉孟全滅戦の生存者を尋ね歩いて

●二〇一四年一一月一日――――第一刷発行
●二〇一五年 六 月三〇日――――第四刷発行

著　者／遠藤 美幸

発行所／株式会社 高文研
東京都千代田区猿楽町二―一―八
三恵ビル（〒一〇一―〇〇六四）
電話03＝3295＝3415
http://www.koubunken.co.jp

印刷・製本／シナノ印刷株式会社

★万一、乱丁・落丁があったときは、送料当方負担でお取りかえいたします。

ISBN978-4-87498-549-6　C0021